도전 만점
중등 내신
서술형 ①

도전만점 중등내신 서술형 1

지은이 넥서스영어교육연구소
펴낸이 임상진
펴낸곳 (주)넥서스

출판신고 1992년 4월 3일 제311-2002-2호 ⑬
10880 경기도 파주시 지목로 5
Tel (02)330-5500 Fax (02)330-5555
ISBN 979-11-6165-003-6 54740
      979-11-6165-002-9 (SET)

www.nexusbook.com

※집필에 도움을 주신 분
 : McKathy Green, Hyunju Lim, Julie, Nick, Richard Pennington

절대평가 1등급, 내신 1등급을 위한 영문법 기초부터 영작까지

도전 만점
중등 내신
서술형

통문장
암기 훈련
워크북 포함

영문법+쓰기

1

NEXUS Edu

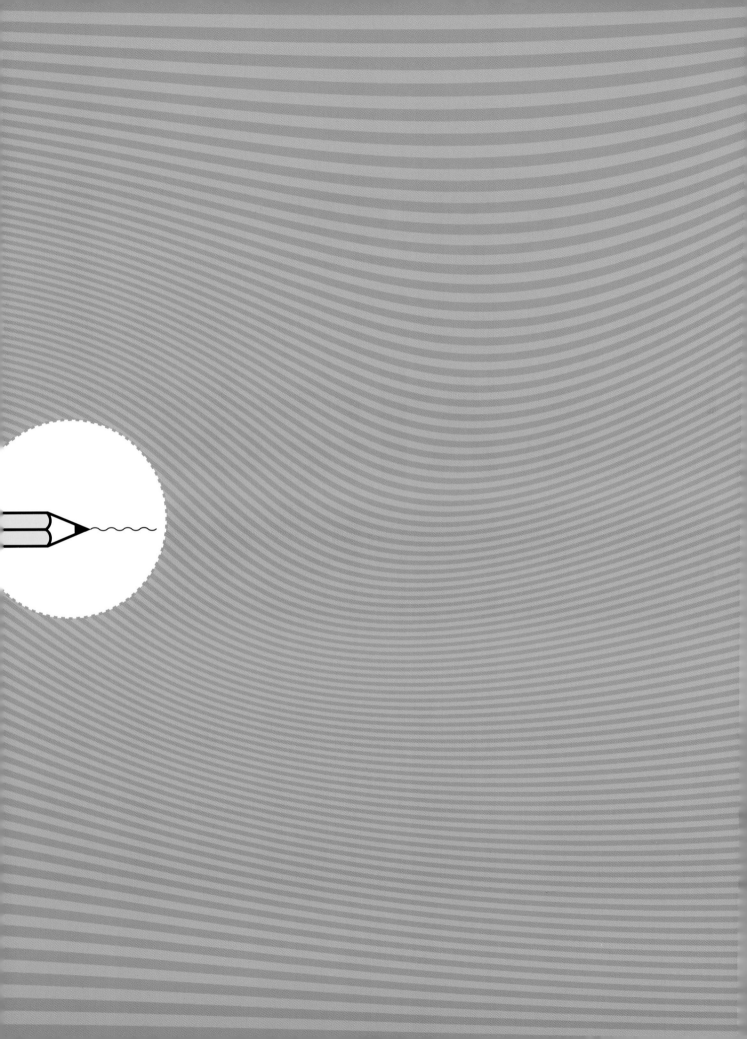

서술형 문제, 하나를 틀리면 영어 내신 점수에 어떤 영향을 줄까요?

앞으로는 단답형은 물론 서술형 문제 비중이 점차 높아진다고 합니다. 각 지역마다 차이는 있지만 30%~최대 50%까지 서술형 문제가 중간, 기말고사에 등장하고 있습니다. 학생들은 서술형이 너무 어렵다고 하면서도 어떻게 준비해야 할지를 모르는 경우가 많아, 객관식에서 거의 맞았음에도 불구하고 좋은 등급을 얻을 수 있는 고득점을 얻기에는 턱없이 부족한 점수가 나옵니다.

그렇다면,
서술형 문제는 어떻게 해결해야 단기간에 마스터할 수 있을까요?

첫째, 핵심 문법 사항은 그림을 그리듯이 머릿속에 그리고 있어야 합니다.

둘째, 문장을 구성하는 주어, 동사는 물론, 문장의 기본적인 구성 요소를 알고 있어야 합니다.

셋째, 문장 구성 요소를 파악하면서 핵심 문법과 관련된 다양한 예문을 완벽하게 써 보는 훈련이 필요합니다. 입으로 소리 내어 문장을 읽으면서 써 본다면, 듣기와 말하기 실력까지도 덤으로 얻게 됩니다.

마지막으로, 문장을 쓰고 난 후에 어떤 문장 요소를 바꿔 썼는지, 어떠한 문법 내용이 적용되었는지 확인하고 오답 노트를 정리한다면, 쓰기 실력은 여러분도 모르게 쑥쑥 향상되어 있을 것입니다.

"도전만점 중등내신 서술형" 시리즈는 내신에서 서술형 문제 때문에 고득점을 얻지 못하는 학생들을 위해 개발되었습니다. 개정 교과서 14종을 모두 철저히 분석한 후에, 중학교 1학년~3학년 과정의 핵심 영문법을 바탕으로 시험에 꼭 나오는 문제 중심으로 개발되었습니다. 또한 영문법은 물론, 문장 쓰기까지 마스터할 수 있도록 중등 과정을 반복 학습할 수 있도록 전체 목차를 구성하였습니다. 현재 예비 중학생으로서 중등 영어가 고민된다면, 도전만점 서술형 시리즈로 먼저 시작해 보세요! 영어 내신 점수는 물론, 영어 문법 및 쓰기 실력까지 완벽하게 갖출 수 있으리라 기대합니다.

넥서스영어교육연구소

Features

영문법 핵심 포인트를 한눈에! 기본 개념 Check-up!

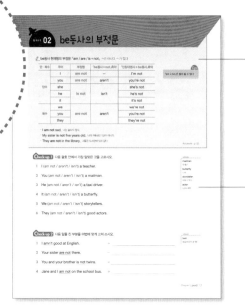

● 한눈에 핵심 문법 내용이 그림처럼 그려질 수 있도록 도식화하였습니다. 자꾸만 혼동되거나 어려운 문법 포인트는 Tips에 담았습니다.

● 핵심 문법을 Check-up 문제를 통해 간단히 개념 정리할 수 있습니다. 또한 어휘로 인해 영문법이 방해되지 않도록 어휘를 제시하였습니다. 서술형 대비를 위해서는 어휘는 기본적으로 암기해야 합니다.

단계별 단답형, 서술형 문제를 통해 완전한 문장을 쓸 수 있는 훈련을 하게 됩니다. 내신 기출문제에서 등장하는 조건에 유의하여 서술형 대비 훈련을 자연스럽게 할 수 있습니다. ●

Step by Step
중등내신
영문법+쓰기

학교 시험에서 자주 등장하는 서술형 문제유형을 통해 앞에서 학습한 내용을 복습하는 과정입니다. 핵심 문법 포인트를 기억하며 시간을 정해 놓고 시험 보듯이 풀어본다면 서술형 시험을 완벽 대비할 수 있습니다. ●

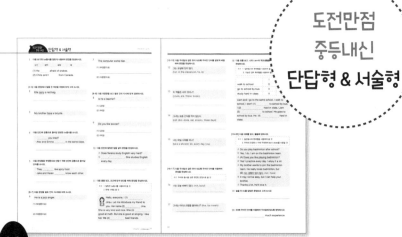

도전만점
중등내신
단답형 & 서술형

YES

앞에서 학습한 내용을 통문장으로 영작해 보는 훈련을 하도록 구성하였습니다. 문법 핵심 포인트를 활용하여 문장을 쓰다 보면, 영문법 및 쓰기 실력이 쑥쑥 향상됩니다.

**통문장
암기 훈련
워크북**

Check-up부터 각 Step에 이르기까지 모든 문장의 해석이 들어 있습니다. 해석을 보고 영어로 말하고 쓸 수 있도록 정답지를 활용해 보세요. 간단한 해설을 통해 문법 포인트를 확인할 수 있습니다.

**정답 및
해석, 해설**

부가 자료 제공 : www.nexusbook.com

테스트 도우미 어휘 리스트 & 어휘 테스트		+	챕터별 리뷰 테스트 객관식, 단답형, 서술형 문제		+	기타 활용 자료 동사변화표 / 문법 용어 정리 비교급 변화표 등	
 어휘 리스트	 어휘 테스트		 통문장 암기 훈련북	 정답, 해석 및 해설		 동사형 변화표	 기타 온라인자료

Contents

Chapter 4 명사와 관사

Chapter 5 대명사

Chapter 6 여러 가지 문장

통문장 암기 훈련 워크북

도전만점 중등내신
서술형 1 2 3 4

Chapter

1

be동사와 일반동사

be동사의 현재형

✏ 인칭대명사와 be동사: 주어가 인칭대명사일 경우, 「주어＋be동사」는 줄여 쓸 수 있다.

인칭	주어	be동사	축약형	인칭	주어	be동사	축약형
	1	I	am	I'm	1	we		we're
단수	2	you	are	you're	2	you	are	you're
	3	he	is	he's	3	they		they're
		she		she's				
		it		it's				

복수

- **I am** happy. 나는 행복하다.
- **You are** nice. 너는 좋은 사람이다.
- **He is** at home. 그는 집에 있다.
- **She is** at school. 그녀는 학교에 있다.
- **We are** good friends. 우리는 좋은 친구다.
- **They are** my teachers. 그들은 나의 선생님들이다.

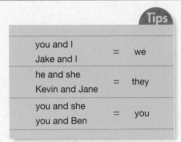

Tips

you and I / Jake and I	=	we
he and she / Kevin and Jane	=	they
you and she / you and Ben	=	you

Answers - p.02

Check-up 1 다음 괄호 안에서 가장 알맞은 것을 고르시오.

1 I (am / are / is) tall. You (am / are / is) tall.

→ We (am / are / is) tall.

2 She (am / are / is) in New York. He (am / are / is) in Los Angeles.

→ They (am / are / is) in the USA.

3 You and I (am / are / is) friends. Tina and you (am / are / is) friends, too.

→ We (am / are / is) best friends.

Check-up 2 다음 빈칸에 am, are, is 중 알맞은 것을 써넣으시오.

Voca
classmate
반 친구
famous
유명한
pianist
피아니스트
teacher
선생님

1 You and Ben _____ my favorite classmates.

2 You and your sister _____ famous pianists.

3 Kerry and I _____ from London.

4 Mr. Smith _____ a wonderful teacher.

5 Sumi and Tony _____ in the same school.

다음 빈칸에 am, are, is 중 알맞은 것을 써넣고, 「대명사 주어＋be동사」의 축약형으로 고쳐 쓰시오.

1 I _____ late for school every day.   → _____ at home now.

2 We _____ in the classroom.   → _____ ready for the final exam.

3 You _____ good at English.   → _____ a good student.

4 Some apples _____ on the table.   → _____ delicious.

5 Mr. Timber _____ my new music teacher.   → _____ very nice.

다음 우리말과 같은 뜻이 되도록 알맞은 be동사를 이용하여 문장을 완성하시오.

1 나는 중학생이다.

   → _____ _____ a middle school student.

2 그는 문 앞에 있다.

   → _____ _____ in front of the door.

3 그것은 흥미로운 책이다.

   → _____ _____ an interesting book.

4 그들은 지금 정원에 있다.

   → _____ _____ in the garden now.

5 우리는 교실에 있다.

   → _____ _____ in the classroom.

다음 괄호 안의 대명사를 주어로 하는 문장으로 다시 쓰시오. (단, 축약형을 사용하지 말 것)

Voca
be good at
~을 잘 하다
math
수학
art gallery
미술관, 화랑

1 You are very smart. (She)   → _____

2 I am really happy. (They)   → _____

3 We are from Australia. (He)   → _____

4 They are good at math. (I)   → _____

5 She is in the art gallery. (We)   → _____

Voca
thirsty
목이 마른
theater
극장

1 나는 지금 방 안에 있다. (in, am, my room, I)

   → _____ now.

2 그녀는 유명한 가수이다. (is, a famous singer, she)

   → _____

3 그는 배가 고프고 목이 마르다. (hungry, is, and thirsty, he)

   → _____

4 그것들은 아시아에 있는 높은 빌딩이다. (tall buildings, are, in Asia, they)

   → _____

5 우리는 지금 극장에 있다. (are, at the theater, we)

   → _____ now.

6 너희들은 멋진 아이들이다. (nice children, are, you)

   → _____

STEP 5 다음 주어진 조건에 따라 우리말에 맞게 영작하시오.

Voca
writer
작가
soldier
군인
popular
인기 있는

조건	1. be동사를 사용할 것	2. 괄호에 주어진 단어를 사용할 것

1 나는 작가이다. (I, a writer)

   → _____

2 너는 창의적이다. (you, creative)

   → _____

3 우리는 자매이다. (we, sisters)

   → _____

4 그는 군인이다. (he, a soldier)

   → _____

5 그들은 학교에서 인기가 많다. (they, popular, at school)

   → _____

Unit 02 be동사의 부정문

✎ be동사 현재형의 부정문: 「am / are / is + not」 ~가 아니다, ~가 없다

단·복수	주어	부정형	「be동사+not」축약	「인칭대명사+be동사」축약
단수	I	am not	—	I'm not
	you	are not	aren't	you're not
	she	is not	isn't	she's not
	he			he's not
	it			it's not
복수	we	are not	aren't	we're not
	you			you're not
	they			they're not

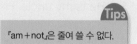

Tips
「am+not」은 줄여 쓸 수 없다.

· I **am not** sad. 나는 슬프지 않다.
· My sister **is not** five years old. 나의 여동생은 다섯 살이 아니다.
· They **are not** in the library. 그들은 도서관에 있지 않다.

Answers - p.03

Check-up 1 다음 괄호 안에서 가장 알맞은 것을 고르시오.

1 I (am not / aren't / isn't) a teacher.

2 You (am not / aren't / isn't) a mailman.

3 He (am not / aren't / isn't) a taxi driver.

4 It (am not / aren't / isn't) a butterfly.

5 We (am not / aren't / isn't) storytellers.

6 They (am not / aren't / isn't) good actors.

Voca
mailman
우체부
butterfly
나비
storyteller
이야기 작가
actor
(남자) 배우

Check-up 2 다음 밑줄 친 부분을 어법에 맞게 고쳐 쓰시오.

1 I <u>amn't</u> good at English. → _____

2 Your sister <u>are not</u> there. → _____

3 You and your brother <u>is not</u> twins. → _____

4 Jane and I <u>am not</u> on the school bus. → _____

Voca
twin
쌍둥이(중의 한 명)

다음 문장을 읽고, be동사를 이용하여 문맥에 맞게 문장을 완성하시오.

Voca
thin
마른
fat
뚱뚱한
uncle
삼촌

1 You are thin. You _____ _____ fat.

2 I am Korean. I _____ _____ American.

3 He is my uncle. He _____ _____ my brother.

4 They are my sisters. They _____ _____ my brothers.

5 Kelly is my friend. She _____ _____ my teacher.

6 Sam and I are at school. We _____ _____ in the park.

다음 주어진 문장을 부정문으로 만들고, 부정문을 축약형으로 바꿔 쓰시오.

Voca
full
배부르게 먹은
dirty
더러운

1 I am tall.

→ I _____ _____ short.

→ _____ short.

2 The dog is hungry.

→ It _____ _____ full.

→ _____ full.

3 The rooms are clean.

→ They _____ _____ dirty.

→ _____ dirty.

다음 문장을 부정문으로 바꿔 쓰시오. (단, 축약형을 사용할 것)

Voca
police officer
경찰관
dancer
무용수, 춤꾼

1 That book is mine. → _____

2 They are police officers. → _____

3 It is very cold today. → _____

4 He is my favorite dancer. → _____

5 I am a middle school student. → _____

다음 우리말과 같은 뜻이 되도록 주어진 단어를 배열하시오.

1 그녀는 거실에 없다. (not, is, in the living room, she)

→ _____

2 그 찌개는 뜨겁지 않다. (not, hot, is, the stew)

→ _____

3 우리는 자매가 아니다. (not, we, are, sisters)

→ _____

4 그 책들은 책상 위에 있지 않다. (are, the books, not, on the desk)

→ _____

5 나는 지금 배가 고프지 않다. (am, now, I, hungry, not)

→ _____

다음 주어진 조건에 따라 우리말에 맞게 영작하시오.

Voca
elementary
school
초등학교
post office
우체국
scientist
과학자

조건	1. be동사와 축약형을 사용할 것	2. 괄호 안에 주어진 단어를 사용할 것

1 너희들은 초등학생이 아니다. (elementary school students)

→ _____

2 그는 집에 없다. (at home)

→ _____

3 너는 나의 남동생이 아니다. (my brother)

→ _____

4 그들은 우체국 안에 있지 않다. (in the post office)

→ _____

5 그녀는 과학자가 아니다. (a scientist)

→ _____

Unit 03 be동사의 의문문

be동사 현재형의 의문문: 「Am / Are / Is + 주어~?」 ~인가요?, ~에 있나요?

Am	I		Yes, you **are**.	No, you **aren't**.
Are	you / we / they	late?	Yes, I **am**.	No, I**'m not**.
			Yes, we / they **are**.	No, we / they **aren't**.
Is	he / she / it		Yes, he / she / it **is**.	No, he / she / it **isn't**.

· **You are** a middle school student. 너는 중학생이다.

· **Are you** a middle school student? 너는 중학생이니?

Answers - p.04

Check-up 1 다음 중 가장 알맞은 것을 고르시오.

1 [Am / Are / Is] you twins?

2 [Am / Are / Is] Mr. Kim your math teacher?

3 [Am / Are / Is] your book on the desk?

4 [Am / Are / Is] his brother in London?

5 [Am / Are / Is] they ready for the party?

6 [Am / Are / Is] these colored pencils yours?

Voca
be ready for
~할 준비가 되다
colored pencils
색연필

Check-up 2 다음 빈칸에 Am, Are, Is 중 알맞은 것을 써넣으시오.

1 _____ you an artist?

2 _____ he your favorite classmate?

3 _____ she Mrs. Brown?

4 _____ I too late?

5 _____ they your pets?

6 _____ we ready for the festival?

7 _____ Larry and Kelly in the same class?

Voca
pet
애완동물
festival
축제

다음 대화의 빈칸에 알맞은 말을 쓰시오.

Voca

nurse
간호사
doctor
의사
kitchen
주방
difficult
어려운
healthy
건강한

1   A   Is she a nurse?

   B   No, _____ _____ . She is a doctor.

2   A   Is he in the living room?

   B   No, _____ _____ . He's in the kitchen.

3   A   Are you from Korea?

   B   No, _____ _____ . I'm from Japan.

4   A   Is English difficult for you?

   B   No, _____ _____ . It's easy.

5   A   Are your parents healthy?

   B   Yes, _____ _____ .

STEP 2 다음 질문에 주어와 be동사를 이용하여 알맞은 응답을 쓰시오.

Voca

interesting
재미있는, 흥미로운
Paris
파리
Holland
네덜란드
on one's way
도중에

1   A   Are you American?

   B   _____ I'm from New York.

2   A   Is this book interesting?

   B   _____ It's really funny.

3   A   Is he from Paris?

   B   _____ He's from Holland.

4   A   Are they your friends?

   B   _____ They are all new.

5   A   Are you English teachers?

   B   _____ We teach science at school.

6   A   Am I too late?

   B   _____ Jack is on his way here.

다음 평서문을 의문문으로 바꾸시오.

Voca
companion
동반자, 친구
peanut
땅콩

1 Your father is in his office.

→ _____

2 Cats are good companions.

→ _____

3 Oliver is an excellent singer.

→ _____

4 The peanut cookie is sweet.

→ _____

5 They are members of the baseball club.

→ _____

STEP 4 다음 우리말과 같은 뜻이 되도록 주어진 단어를 배열하시오.

Voca
show
전시회, 공연
expensive
비싼
cousin
사촌

1 이 전시회는 무료인가요? (this show, is, free)

→ _____

2 저 과자는 맛있나요? (that snack, is, delicious)

→ _____

3 저 가방들은 비싼가요? (those bags, are, expensive)

→ _____

4 Mark는 캐나다에서 왔니? (Mark, is, from Canada)

→ _____

5 저 자전거는 네 것이니? (that bike, is, yours)

→ _____

6 당신은 축구 시합을 할 준비가 되어 있나요? (you, are, ready for, the soccer game)

→ _____

7 당신의 사촌들은 영국에서 왔나요? (your cousins, are, from England)

→ _____

Voca

P.E.(physical education)
체육
young
어린
art museum
미술관
on vacation
휴가 중에
neighbor
이웃

조건	1. be동사를 사용할 것	2. 괄호 안에 주어진 단어를 사용할 것

1 지금은 체육시간인가요? (it, time)

→ _____ _____ _____ for P.E. now?

2 우리가 너무 늦었나요? (too late)

→ _____ _____ _____ _____ ?

3 그녀는 지금 집에 있나요? (at home)

→ _____ _____ _____ _____ now?

4 제가 너무 어린가요? (too young)

→ _____ _____ _____ ?

5 당신은 컴퓨터 게임에 관심이 있나요? (interested)

→ _____ _____ _____ in computer games?

6 그 미술관은 일요일에 문을 여나요? (the art museum)

→ _____ _____ _____ _____ open on Sundays?

7 그들은 지금 휴가 중인가요? (on vacation)

→ _____ _____ _____ _____ now?

8 그녀의 가방은 노란색인가요? (her bag)

→ _____ _____ _____ _____ ?

9 그는 미국에서 왔니? (from America)

→ _____ _____ _____ _____ ?

10 그들은 좋은 이웃인가요? (good neighbors)

→ _____ _____ _____ _____ ?

일반동사의 현재형

✏️ 일반동사: be동사와 조동사를 제외한 모든 동사로, 주어의 동작이나 상태를 나타낸다.

❶ 일반동사의 현재형

주어	동사(현재형)	예시
1인칭 단·복수(I / we)	동사원형	I **live** / We **sing**
2인칭 단·복수(you)		You **run**
3인칭 복수(they / my sons)		They **climb** / My sons **play**
3인칭 단수(he / she / it / Tom)	동사원형 + -(e)s	She **calls** / Tom **wish**es

❷ 일반동사의 3인칭 현재 단수형 만드는 법

대부분의 동사	+ -s	speak**s**, visit**s**, love**s**, like**s**, clean**s**, come**s**, eat**s**, run**s**, read**s**, help**s**, sing**s** …
-o, -x, -s, -ss, -sh, -ch로 끝나는 동사	+ -es	do**es**, go**es**, wash**es**, watch**es**, teach**es**, pass**es**, catch**es**, fix**es**, mix**es**, kiss**es** …
「자음＋y」로 끝나는 동사	-y → -ies	study → stud**ies** fly → fl**ies** try → tr**ies** copy → cop**ies** cry → cr**ies**
「모음＋y」로 끝나는 동사	+ -s	say**s**, play**s**, buy**s**, enjoy**s**
불규칙동사	have	has

Answers - p.06

Check-up 다음 동사의 3인칭 현재 단수형을 쓰시오.

Voca
mix
섞다
build
짓다

1	talk	→ _____	11	do	→ _____
2	want	→ _____	12	mix	→ _____
3	have	→ _____	13	run	→ _____
4	go	→ _____	14	watch	→ _____
5	try	→ _____	15	teach	→ _____
6	study	→ _____	16	catch	→ _____
7	dance	→ _____	17	wake	→ _____
8	play	→ _____	18	cry	→ _____
9	read	→ _____	19	build	→ _____
10	enjoy	→ _____	20	buy	→ _____

Voca
draw
그리다
brush
머리를 빗질하다
community
center
지역 문화 센터

STEP 1 다음 괄호 안의 주어진 동사를 현재형으로 바꿔 문장을 완성하시오.

1 They _____ Japanese very well. (speak)

2 The kids _____ with their dogs after school. (play)

3 Alice _____ a surprise party. (enjoy)

4 He _____ a picture in his notebook. (draw)

5 My father _____ a newspaper in the morning. (read)

6 Harry _____ a nice computer. (have)

7 She _____ her hair every day. (brush)

8 Mr. Timber _____ history at a community center. (teach)

STEP 2 다음 주어진 단어를 이용하여 현재 시제 문장을 완성하시오.

1 I _____ my car, and he _____ his car. (wash)

2 I _____ my little sister, and Fred _____ his little brother. (help)

3 She _____ skating, and you _____ jogging every day. (go)

4 They _____ sandwiches for lunch, and she _____ salad for lunch. (eat)

5 He _____ baseball games on TV, but I _____ dramas on TV. (watch)

6 Minji and I _____ at home, but Jisu _____ in the library. (study)

STEP 3 다음 밑줄 친 부분을 어법에 맞게 고쳐 쓰시오. (단, 어법에 맞으면 O표 할 것)

Voca
leave for
~로 떠나다
laptop computer
노트북 컴퓨터
office
사무실

1 I <u>cleans</u> my room every morning. → _____

2 She <u>fixs</u> a bike for free every weekend. → _____

3 We <u>leave</u> for school at 8 o'clock. → _____

4 Doris and Jessy <u>lives</u> in Australia. → _____

5 My little sister <u>have</u> a big teddy bear. → _____

6 He <u>carrys</u> his laptop computer to the office every day. → _____

Voca
break
휴식(시간)
bedtime
취침시간
grocery shopping
장보기
homework
숙제
sneakers
운동화

STEP 4 다음 우리말과 같은 뜻이 되도록 주어진 단어를 배열하시오.

1 그녀는 부모님을 위해 피아노를 연주한다. (plays, the piano, she)

→ _____ for her parents.

2 그들은 쉬는 시간에 책을 읽는다. (read, they, books)

→ _____ during the break.

3 그는 자기 전에 이를 닦는다. (he, his teeth, brushes)

→ _____ before bedtime.

4 우리는 주말마다 장을 보러 간다. (grocery shopping, we, go)

→ _____ every weekend.

5 Nancy는 저녁 먹기 전에 숙제를 한다. (her homework, does, Nancy)

→ _____ before dinner.

6 Ted는 쇼핑몰에서 운동화를 산다. (sneakers, Ted, buys)

→ _____ at the mall.

STEP 5 다음 주어진 조건에 따라 우리말에 맞게 문장을 완성하시오.

조건	1. 일반동사 현재형을 사용할 것	2. 괄호 안에 주어진 단어를 활용할 것

1 우리 엄마는 매일 아침 6시에 일어나신다. (get up)

→ My mom _____ _____ at 6 o'clock every morning.

2 Ann은 새 가방을 가지고 있다. (have, a new bag)

→ Ann _____ _____ _____ _____ .

3 Mark는 매일 식사 후 커피를 한 잔 마신다. (drink)

→ _____ _____ a cup of coffee after meals every day.

4 그녀는 학교에서 영어를 가르친다. (teach, English)

→ _____ _____ _____ at school.

5 우리는 아침마다 해변에서 산책을 한다. (take a walk)

→ _____ _____ _____ _____ on the beach every morning.

Unit 05 일반동사의 부정문

일반동사 현재형의 부정문: 「주어＋don't / doesn't＋동사원형」 ～하지 않는다

I / You / We / They 등 (1, 2인칭 단·복수, 3인칭 복수)	do not[don't]	feel (동사원형)	good.
He / She / It 등 (3인칭 단수)	does not[doesn't]		

Tips

일반동사의 부정문과 의문문을 만드는 조동사 do는 해석하지 않지만, 일반동사 do는 '～을 하다'라고 해석한다.

I don't drink coffee at night. (조동사)
나는 밤에 커피를 마시지 않는다.

Sue does her homework at home. (일반동사)
Sue는 집에서 숙제를 한다.

· **I like math.** 나는 수학을 좋아한다.

· **I do not like math.** 나는 수학을 좋아하지 않는다.

Answers - p.07

Check-up 1 다음 괄호 안에서 가장 알맞은 것을 고르시오.

Voca
meat
고기
French
프랑스어

1 I (don't / doesn't) play baseball.

2 We (don't / doesn't) eat meat.

3 They (don't / doesn't) like pets.

4 He (don't / doesn't) speak French.

5 She (don't / doesn't) live in Busan anymore.

6 Mike doesn't (walk / walks) very fast.

7 This dress doesn't (look / looks) good.

Check-up 2 다음 밑줄 친 부분을 어법에 맞게 고쳐 쓰시오.

Voca
breakfast
아침 식사
history
역사
violent
폭력적인

1 I <u>does not</u> have a snack. → _____

2 We <u>not do</u> have breakfast. → _____

3 Allen <u>do not live</u> in California. → _____

4 He <u>does not reads</u> history books. → _____

5 Mr. Green <u>does not listens</u> to rock music. → _____

6 They <u>not do like</u> violent movies. → _____

STEP 1 다음 문장을 부정문으로 만들 때 알맞은 말을 써넣으시오.

1 I _____ _____ get up early in the morning.

2 We _____ _____ live around here.

3 They _____ _____ use smartphones.

4 Sally and I _____ _____ look like twin sisters.

5 He _____ _____ speak English.

6 She _____ _____ watch sports on TV.

STEP 2 다음 주어진 동사의 현재형을 이용해서 문장을 완성하시오. (단, 축약형을 사용할 것)

Voca
Spanish
스페인어
glasses
안경
building
건물

1 I _____ _____ pizza for dinner. (not, want)

2 We _____ _____ to each other. (not, talk)

3 They _____ _____ computer games. (not, like)

4 He _____ _____ Spanish. (not, speak)

5 Kelly _____ _____ glasses. (not, wear)

6 Mr. Hong _____ _____ in this building. (not, work)

STEP 3 다음 문장을 부정문으로 만드시오. (단, 축약형을 사용할 것)

Voca
after school
방과 후
school uniform
교복
lie
거짓말
lesson
수업, 교육

1 We play board games after school.

   → _____

2 They wear school uniforms.

   → _____

3 She tells a lie.

   → _____

4 Lisa understands the lesson.

   → _____

5 This store sells my size.

   → _____

Voca

work
(기계 등이) 작동되다
fit
맞다
take a bus
버스를 타다
sugar
설탕

STEP 4 다음 우리말과 같은 뜻이 되도록 주어진 단어를 배열하시오.

1 나는 오늘 기분이 좋지 않다. (don't, feel, I, good today)

→ _____

2 이 카메라는 작동이 되지 않는다. (doesn't, this camera, work)

→ _____

3 그 재킷은 나에게 맞지 않는다. (doesn't, fit, the jacket, me)

→ _____

4 Alex는 버스를 타지 않는다. (take a bus, Alex, doesn't)

→ _____

5 Daisy는 자신의 방을 청소하지 않는다. (doesn't, Daisy, her room, clean)

→ _____

6 나의 아버지께서는 커피에 설탕을 넣지 않으신다. (sugar, doesn't, my father, put, in his coffee)

→ _____

STEP 5 다음 주어진 조건에 따라 우리말에 맞게 영작하시오.

조건	1. 괄호 안에 주어진 단어를 사용하여 부정문을 만들 것	2. 축약형을 사용할 것

1 나는 피아노를 치지 않는다. (play, the piano)

→ _____

2 그들은 학교에 걸어가지 않는다. (walk to school)

→ _____

3 그녀는 개를 키우지 않는다. (keep a dog)

→ _____

4 Emily는 채소를 먹지 않는다. (eat, vegetables)

→ _____

5 이 케이크는 맛이 없다. (taste, good)

→ _____

Unit 06 일반동사의 의문문

일반동사 현재형의 의문문: 「Do / Does + 주어 + 동사원형~?」 ~하나요?

주어	의문문	대답
I / You / We / They 등 (1, 2인칭 단·복수, 3인칭 복수)	Do + 주어 + 동사원형~?	Yes, 주어 + do.
		No, 주어 + don't.
He / She / It 등 (3인칭 단수)	Does + 주어 + 동사원형~?	Yes, 주어 + does.
		No, 주어 + doesn't.

- A **Do** you **know** her name? 너는 그녀의 이름을 아니?
  B Yes, I **do**. / No, I **don't**. 응, 알아. / 아니, 몰라.

- A **Does** Nick **like** hip-hop music. Nick은 힙합 음악을 좋아하니?
  B Yes, he **does**. / No, he **doesn't**. 응, 좋아해. / 아니, 싫어해.

Answers - p.08

Check-up 1 다음 괄호 안에서 가장 알맞은 것을 고르시오.

1 (Do / Does) you **remember** my name?

2 (Do / Does) they **study** English every night?

3 (Do / Does) Henry and Emma **like** pizza?

4 (Do / Does) he **go** jogging every morning?

5 (Do / Does) she **wash** her hair in the morning?

6 (Do / Does) Sandy **play** the drums in the school band?

Voca
remember
기억하다
go jogging
조깅하다

Check-up 2 다음 주어진 동사를 이용하여 현재 시제로 의문문을 완성하시오.

1 _____ I _____ you? (know)

2 _____ you _____ a laptop computer? (have)

3 _____ it _____ a lot in this area? (rain)

4 _____ she _____ dinner on weekends? (cook)

5 _____ your uncle _____ at a post office? (work)

Voca
area
지역
cook
요리하다
weekend
주말

STEP 1 다음 대화의 빈칸에 알맞은 말을 쓰시오.

Voca
in-line skates
인라인스케이트
choir
합창단

1 A Do you have a bike?

   B No, _____ _____ . I have in-line skates.

2 A Do you sing in a choir?

   B Yes, _____ _____ . We are good singers.

3 A Does Ann like potato chips?

   B Yes, _____ _____ . She likes chocolate, too.

4 A Does your brother take a bus to school every day?

   B No, _____ _____ . He walks to school.

STEP 2 다음 응답에 알맞도록 주어진 단어를 이용하여 질문을 완성하시오.

Voca
penguin
펭귄
guitarist
기타 연주자

1 A _____ _____ _____ some cocoa? (want)

   B No, I don't. I want some milk.

2 A _____ penguins _____ ? (fly)

   B No, they don't. They walk and swim.

3 A _____ your uncle _____ the guitar? (play)

   B Yes, he does. He is a good guitarist.

4 A _____ the last train _____ at 10:30? (leave)

   B No, it doesn't. It leaves at 8:00.

STEP 3 다음 평서문을 의문문으로 바꾸시오.

Voca
sneakers
스니커즈 운동화
gym
체육관
cost
(비용이) 들다

1 You wear white sneakers.

   → _____

2 They go to the gym.

   → _____

3 This dress looks good.

   → _____

4 It costs a lot of money.

   → _____

다음 우리말과 같은 뜻이 되도록 주어진 단어를 배열하시오.

Voca

enough
충분한
mountain biking
산악자전거 타기
practice
연습하다
finish
끝내다, 마치다
belong to
〜에 속하다

1 너는 클래식 음악을 좋아하니? (like, do, you, classical music)

→ _____

2 우리에게 충분한 시간이 있니? (have, we, do, enough time)

→ _____

3 그들은 산악자전거 타는 것을 좋아하니? (enjoy, do, they, mountain biking)

→ _____

4 David와 Jack은 매일 농구 연습을 하니? (every day, David and Jack, do, practice, basketball)

→ _____

5 너희 학교는 3시에 끝나니? (your school, finish, does, at three o'clock)

→ _____

6 이 재킷이 네 것이니? (this jacket, does, you, belong to)

→ _____

STEP 5 다음 주어진 조건에 따라 우리말에 맞게 문장을 완성하시오.

Voca

textbook
교과서
police station
경찰서

조건	1. 일반동사의 의문문을 만들 것	2. 괄호 안에 주어진 단어를 사용할 것

1 우리에게 새 카메라가 필요하니? (need)

→ _____ _____ _____ a new camera?

2 너는 학교에 교과서를 가지고 가니? (take)

→ _____ _____ _____ your textbooks to school?

3 그녀는 밴드에서 드럼을 치니? (play)

→ _____ _____ _____ the drums in the band?

4 Colin 씨는 경찰서에서 일하시니? (Mr. Colin, work)

→ _____ _____ _____ at the police station?

5 그 영화는 5시 30분에 시작하니? (the movie, start)

→ _____ _____ _____ at 5:30?

1 다음 보기의 be동사를 알맞게 사용하여 문장을 완성하시오.

보기	am	are	is

(1) He _____ afraid of snakes.

(2) Chris and I _____ from Canada.

[2-3] 다음 문장에서 밑줄 친 부분을 어법에 맞게 고쳐 쓰시오.

2

Ella <u>carry</u> a red bag.

→ _____

3

My brother <u>have</u> a bicycle.

→ _____

4 다음 빈칸에 공통으로 들어갈 알맞은 be동사를 쓰시오.

· _____ you tired?

· Alex and Emma _____ in the same class.

→ _____

5 다음 문장들을 부정문으로 만들기 위해 빈칸에 공통으로 들어갈 단어를 쓰시오.

· They _____ like spicy food.

· Jake and Karen _____ know each other.

→ _____

[6-7] 다음 문장을 괄호 안의 지시대로 바꿔 쓰시오.

6

He is a jazz singer.

(1) (부정문으로)

→ _____

(2) (의문문으로)

→ _____

7

The computer works fast.

(1) (부정문으로)

→ _____

(2) (의문문으로)

→ _____

[8-9] 다음 의문문을 보고 괄호 안의 지시에 맞게 답변하시오.

8

Is he a teacher?

(1) (긍정) _____

(2) (부정) _____

9

Do you like soccer?

(1) (긍정) _____

(2) (부정) _____

10 다음 빈칸에 알맞은 말을 넣어 문장을 완성하시오.

A Does Serena study English very hard?

B _____, _____ _____. She studies English every day.

→ _____, _____ _____.

11 다음 글을 읽고, 조건에 맞게 빈칸을 채워 문장을 완성하시오.

조건	1. 알맞은 be동사를 사용하여 쓸 것
	2. 현재 시제로 쓸 것

Hello, everyone. I (1) _____ Jinsu. Let me introduce my friend to you. Her name (2) _____ Jina. She is very kind and nice. She (3) _____ good at math. But she is good at singing. I like her. We (4) _____ best friends.

[12-15] 다음 우리말과 같은 뜻이 되도록 주어진 단어를 알맞게 배열하여 문장을 완성하시오.

12 그는 교실에 있지 않다.
(not, in the classroom, he, is)

→ _____

13 이 책들은 너의 것이니?
(yours, are, these, books)

→ _____

14 그녀는 요즘 간식을 먹지 않는다.
(not, she, does, eat, snacks, these days)

→ _____

15 너는 매일 샤워를 하니?
(take a shower, do, every day, you)

→ _____

[16-17] 다음 우리말과 같은 뜻이 되도록 주어진 단어를 이용하여 문장을 완성하시오.

> 조건 주어와 동사를 갖춘 완전한 문장으로 쓸 것

16 나는 오늘 바쁘지 않다. (not, busy)
→ _____

17 그녀는 아이스크림을 좋아하니? (like, ice cream)
→ _____

18 다음 표를 보고, 나와 Liam의 학교생활을 비교하는 글을 완성하시오.

> 조건 1. 일반동사의 현재형을 사용하여 쓸 것
> 2. 가능한 경우 축약형을 사용하여 쓸 것

	I	Liam
walk to school	O	X
go to school by bus	X	O
study hard in class	X	O

Liam and I go to the same school. I walk to school. I don't (1) _____ to school by bus. I (2) _____ hard in class. Liam (3) _____ to school. He goes to school by bus. He (4) _____ hard in class.

[19-20] 다음 대화를 읽고, 물음에 답하시오.

> 조건 1. 일반동사의 현재형을 사용하여 쓸 것
> 2. 주어의 인칭이나 수에 주의하여 do나 does를 사용할 것

A Do you play badminton after school?
B Yes, I do. I am on the badminton team.
A (A) Does you like playing badminton?
B Yes! I practice every day. I enjoy it a lot.
A My brother wants to join the badminton team. He really loves badminton, but (B) 그는 경험이 많지 않다. (not, have)
B It may not be easy, but I can help your brother.
A Thanks a lot. He'll love it.

19 밑줄 친 (A)를 알맞은 문장으로 고쳐 쓰시오

→ _____

20 (B)에 주어진 단어를 이용하여 우리말에 맞도록 영작하시오.

→ _____ much experience.

Chapter

2

시제

과거시제: be동사

주어	be동사 현재형	be동사 과거형	부정문
I / He / She / It	am / is	**was**	**+ not**
We / You / They	are	**were**	

❶ be동사 과거형의 긍정문: 「**was / were**」
I **was** in Spain last year. 나는 작년에 스페인에 있었다.

❷ be동사 과거형의 부정문: 「**was / were** + not」
He **was** not absent from school yesterday. 그는 어제 학교에 결석하지 않았다.

❸ be동사 과거형의 의문문: 「**Was / Were** + 주어 + ~?」
Were Frank and Mia at the library then? Frank와 Mia는 그때 도서관에 있었니?
Yes, they **were**. / No, they **weren't**. 응, 있었어. / 아니, 없었어.

Tips
「was / were + not」은 wasn't와 weren't로 줄여 쓸 수 있다.

Tips
과거시제는 주로 과거를 나타내는 부사 (구)인 yesterday, last~, ~ago, then, at that time 등과 함께 쓴다.

Answers - p.11

Check-up 1 다음 괄호 안에서 가장 알맞은 것을 고르시오.

1 I (was / were) afraid of ghosts at that time.

2 My family and I (was / were) at church last Sunday.

3 My brother (was not / were not) tall last year.

4 We (was not / were not) at the gym an hour ago.

5 (Was / Were) you at the concert last Friday?

6 (Was / Were) your diary on the desk ten minutes ago?

Voca
ghost
유령
at that time
그 당시에
church
교회

Check-up 2 다음 빈칸에 was, were 중 알맞은 것을 써넣으시오.

1 I _____ very tired last night.

2 They _____ in the playground two hours ago.

3 She _____ not a writer at that time.

4 We _____ not famous before.

5 _____ you at the party last night?

6 _____ the jacket on sale yesterday?

Voca
playground
운동장, 놀이터
on sale
할인 중인

STEP 1 다음 밑줄 친 부분을 부정형으로 바꿔 쓰시오.

1 I <u>was</u> late for school yesterday.   → _____

2 Beth <u>was</u> in Canada in 2015.   → _____

3 You <u>were</u> at home yesterday.   → _____

4 Sally and Andrew <u>were</u> in the same class last year.   → _____

STEP 2 다음 빈칸에 알맞은 말을 넣어 대화를 완성하시오.

1 A _____ _____ a singer in the band?

  B Yes, she was. She was excellent!

2 A _____ _____ difficult?

  B No, it wasn't. It was easy.

3 A _____ _____ late again?

  B No, they weren't. They were here on time.

STEP 3 다음 문장을 부정문과 의문문으로 바꿔 쓰시오.

Voca
meeting
회의
school trip
수학여행

1 He was busy yesterday.

부정문 _____

의문문 _____

2 She was in the car an hour ago.

부정문 _____

의문문 _____

3 They were too early for the meeting.

부정문 _____

의문문 _____

4 The school trip was fun.

부정문 _____

의문문 _____

STEP 4 다음 우리말과 같은 뜻이 되도록 주어진 단어를 배열하시오.

Voca
drawer
서랍
recycling box
재활용 상자

1 나는 점심식사 후에 졸렸다. (was, sleepy, I, after lunch)

→ _____

2 너의 선생님께서 10분 전에 여기 계셨다. (was, your teacher, here, ten minutes ago)

→ _____

3 열쇠는 서랍 안에 없었다. (not, was, the key, in the drawer)

→ _____

4 그들은 그때 극장에 없었다. (were, they, not, at the theater)

→ _____ at that time.

5 그 영화는 재미있었니? (was, interesting, the movie)

→ _____

6 재활용 상자는 비어 있었니? (the recycling boxes, were, empty)

→ _____

STEP 5 다음 주어진 조건에 따라 우리말에 맞게 영작하시오.

Voca
brave
용감한
excited
신이 난
on time
정각에

조건	1. be동사의 과거형을 사용할 것	2. 부정문일 경우, 축약형을 사용할 것

1 나는 그때 용감했다. (brave)

→ _____ _____ _____ at that time.

2 아이들은 수학여행에 신이 나 있었다. (the children, excited)

→ _____ _____ _____ _____ about the school trip.

3 그 식당은 오늘 아침에 문을 열지 않았다. (the restaurant, open)

→ _____ _____ _____ this morning.

4 그들은 그때 친절하지 않았다. (kind)

→ _____ _____ _____ at that time.

5 그녀는 제시간에 왔니? (on time)

→ _____ _____ _____ _____ ?

과거시제: 일반동사의 규칙 변화

현재	과거
I **live** in Seoul now. 나는 지금 서울에 산다.	I **lived** in Busan last year. 나는 작년에 부산에 살았다.
He always **helps** me a lot. 그는 항상 나를 많이 도와준다.	He **helped** me a lot yesterday. 그는 어제 나를 많이 도와주었다.

Tips
일반동사의 과거형은 인칭이나 수에 관계없이 형태가 같다.

✎ 규칙 변화 동사: 동사원형 + -(e)d

대부분의 일반동사	+ -ed	walk**ed**, ask**ed**, learn**ed**, call**ed** ...
-e로 끝나는 동사	+ -d	like**d**, arrive**d**, love**d**, move**d** ...
「단모음+단자음」으로 끝나는 동사	자음을 한 번 더 쓰고 + -ed	stop → stop**ped**, plan → plan**ned** ...
「자음+y」로 끝나는 동사	y를 i로 바꾸고 + -ed	study → stud**ied**, try → tr**ied** ...

· My father **stopped** the car. 우리 아빠는 그 차를 멈췄다.
· They **studied** in the library. 그들은 도서관에서 공부했다.

Answers - p.12

Check-up 다음 동사의 과거형을 쓰시오.

Voca
occur
발생하다
mop
대걸레로 닦다
carry
나르다

1 talk → _____	14 live → _____
2 want → _____	15 stop → _____
3 learn → _____	16 plan → _____
4 ask → _____	17 occur → _____
5 walk → _____	18 hug → _____
6 end → _____	19 skip → _____
7 jump → _____	20 mop → _____
8 stay → _____	21 drop → _____
9 push → _____	22 study → _____
10 enjoy → _____	23 try → _____
11 move → _____	24 cry → _____
12 love → _____	25 carry → _____
13 like → _____	26 worry → _____

다음 괄호 안의 주어진 동사를 과거형으로 바꿔 문장을 완성하시오.

Voca
stay
머무르다
a few minutes ago
조금 전에
hug
포옹하다

1   She _____ TV two hours ago. (watch)

2   My best friend _____ to Seoul last month. (move)

3   We _____ home yesterday. (stay)

4   Alice _____ the show last year. (enjoy)

5   They _____ the floor a few minutes ago. (mop)

6   I _____ my mother this morning. (hug)

7   The baby _____ a lot last night. (cry)

8   She _____ to wear the dress, but it was too small. (try)

STEP 2 다음 보기에서 알맞은 단어를 골라 과거형으로 바꿔 문장을 완성하시오.

보기	close	wash	carry	drop	live	plan

1   나는 지난 금요일에 세차했다.   → I _____ my car last Friday.

2   어머니는 저녁에 창문을 닫았다.   → My mom _____ the window in the evening.

3   그들은 작년에 부산에 살았다.   → They _____ in Busan last year.

4   그 버스는 오후 4시에 많은 사람들을 내려줬다.   → The bus _____ many people off at 4 p.m.

5   그는 지난 월요일에 수필을 쓸 것을 계획했다.   → He _____ to write an essay last Monday.

6   Jessy는 한 시간 전에 그 상자들을 옮겼다.   → Jessy _____ the boxes an hour ago.

STEP 3 다음 밑줄 친 부분을 어법에 맞게 고쳐 쓰시오.

Voca
slip
미끄러지다
drop
떨어뜨리다
test scores
시험 성적

1   Liam wait for the bus yesterday.   → _____

2   Jacob visits China last month.   → _____

3   Isaac sliped on the road an hour ago.   → _____

4   My brother droped my glasses a few minutes ago.   → _____

5   I worryed about test scores last night.   → _____

다음 우리말과 같은 뜻이 되도록 주어진 단어를 배열하시오.

Voca
receive
받다
plan
계획하다

1 나는 어제 그녀에게서 편지 한 통을 받았다. (received, I, a letter)

→ _____ from her yesterday.

2 나는 어젯밤에 뮤지컬을 재미있게 보았다. (the musical, I, enjoyed)

→ _____ last night.

3 Daisy와 Jack은 서로 사랑했다. (loved, Daisy and Jack, each other)

→ _____

4 Mindy는 지난 주말에 도서관에서 공부했다. (studied, Mindy, in the library)

→ _____ last weekend.

5 우리는 Martin을 위해 깜짝 파티를 계획했다. (a surprise party, we, planned)

→ _____ for Martin.

6 그 엘리베이터는 5층에서 멈췄다. (stopped, the elevator, at the fifth floor)

→ _____

STEP 5 다음 주어진 조건에 따라 우리말에 맞게 문장을 완성하시오.

Voca
save
구하다
skip
건너뛰다

조건	1. 일반동사 과거형을 사용할 것	2. 괄호 안에 주어진 단어를 활용할 것

1 그 쇼는 한 시간 전에 시작했다. (the show, start)

→ _____ _____ _____ an hour ago.

2 나의 형은 3년 전에 고등학교를 졸업했다. (my brother, graduate)

→ _____ _____ _____ from high school three years ago.

3 Mark는 작년에 차 사고에서 나를 구해줬다. (save, life)

→ Mark _____ _____ _____ in a car accident last year.

4 그의 할머니는 10년 전에 돌아가셨다. (his grandmother, die)

→ _____ _____ _____ ten years ago.

5 그는 어제 식사를 건너뛰었다. (skip, the meal)

→ He _____ _____ _____ yesterday.

Unit 03 과거시제: 일반동사의 불규칙 변화

현재형과 과거형이 같은 동사	cut – cut set – set	cost – cost hurt – hurt	put – put shut – shut	hit – hit read[riːd] – read[red]
불규칙 변화 동사	become – became begin – began break – broke bring – brought buy – bought catch – caught come – came do – did drink – drank drive – drove eat – ate feel – felt	find – found fly – flew get – got give – gave go – went grow – grew have – had hear – heard keep – kept know – knew leave – left lend – lent	lose – lost make – made meet – met ride – rode rise – rose run – ran see – saw send – sent sing – sang sit – sat sleep – slept speak – spoke	spend – spent stand – stood steal – stole take – took teach – taught tell – told think – thought wake – woke wear – wore win – won write – wrote

- Julie **went** to school yesterday. Julie는 어제 학교에 갔다.
- I **put** my key in my bag last night. 나는 어젯밤에 가방에 열쇠를 넣어 두었다.

Tips
read는 현재형과 과거형의 형태가 같지만 발음이 다르다. 현재형은 [riːd], 과거형은 [red]로 발음한다.

Answers - p.14

Check-up 다음 동사의 과거형을 쓰시오.

Voca
wake
잠이 깨다. 깨우다
bring
가져오다

1 take → _____

2 wake → _____

3 go → _____

4 break → _____

5 buy → _____

6 bring → _____

7 catch → _____

8 do → _____

9 eat → _____

10 hurt → _____

11 speak → _____

12 win → _____

13 lose → _____

14 make → _____

15 get → _____

16 come → _____

17 cut → _____

18 meet → _____

19 read → _____

20 keep → _____

Voca
airport
공항
interesting
흥미 있는, 재미있는
magic show
마술쇼
hit
부딪치다

STEP 1 다음 괄호 안의 주어진 동사를 과거형으로 바꿔 문장을 완성하시오.

1 Ellen _____ breakfast this morning. (eat)

2 An hour ago, I _____ my sister to the airport. (drive)

3 They _____ an interesting magic show yesterday. (see)

4 Emily _____ to Paris last Sunday. (fly)

5 Luke and I _____ hiking last Friday. (go)

6 Kate _____ the meat with a knife. (cut)

7 She _____ her cell phone in her car. (find)

8 Harry _____ his head on the wall in the dark. (hit)

STEP 2 다음 보기에서 알맞은 단어를 골라 과거형으로 바꿔 문장을 완성하시오.

보기	have	cut	sleep	wear	leave

1 나는 사과를 반으로 잘랐다. → I _____ an apple in half.

2 그들은 지난밤에 시카고로 떠났다. → They _____ for Chicago last night.

3 아버지께서는 어제 일곱 시간 주무셨다. → My dad _____ for seven hours yesterday.

4 그녀는 2년 전에 빨간 스포츠 차를 가지고 있었다. → She _____ a red sports car two years ago.

5 우리는 어제 파티에서 가면을 썼다. → We _____ masks at the party yesterday.

STEP 3 다음 밑줄 친 부분을 어법에 맞게 고쳐 쓰시오. (단, 어법에 맞으면 O표 할 것)

1 Yesterday, he <u>comes</u> home from work at 11 p.m. → _____

2 I <u>ride</u> my bike last Saturday. → _____

3 The kids <u>fed</u> their dogs two hours ago. → _____

4 The cat <u>catched</u> a rat last night. → _____

5 The trees <u>grew</u> tall after the rains last month. → _____

6 My mom <u>buyed</u> me gloves yesterday. → _____

Voca
| break
| 깨다
| lose
| 잃어버리다
| subway
| 지하철

STEP 4 다음 우리말과 같은 뜻이 되도록 주어진 단어를 배열하시오.

1 한 소년이 어제 그 창문을 깨뜨렸다. (broke, a boy, the window)

→ _____ yesterday.

2 그는 작년에 중학생이 되었다. (became, he, a middle school student)

→ _____ last year.

3 Kevin은 조금 전에 자신의 휴대폰을 탁자 위에 두었다. (Kevin, his cell phone, put, on the table)

→ _____ a minute ago.

4 나는 지난밤 지하철에서 가방을 잃어버렸다. (I, my bag, lost, on the subway)

→ _____ last night.

5 그는 지난 학기에 학생들에게 과학을 가르쳤다. (taught, he, science, to his students)

→ _____ last semester.

6 어머니는 정오 전에 빅마트에 가셨다. (my mom, BIG Mart, went to)

→ _____ before noon.

STEP 5 다음 주어진 조건에 따라 우리말에 맞게 문장을 완성하시오.

조건	1. 일반동사의 과거형을 사용할 것	2. 괄호 안에 주어진 단어를 사용할 것

1 우리는 휴가 때 좋은 시간을 보냈다. (have a good time)

→ _____ _____ _____ _____ on our vacation.

2 그들은 지난 일요일에 소풍을 갔다. (go on a picnic)

→ _____ _____ _____ _____ last Sunday.

3 Sarah는 어제 점심으로 파스타를 먹었다. (eat, pasta)

→ _____ _____ _____ for lunch yesterday.

4 우리는 지난밤 배고픔과 추위를 느꼈다. (feel, hungry, cold)

→ _____ _____ _____ _____ last night.

5 지난주에 누군가 내 자전거를 훔쳐갔다. (somebody, steal, bike)

→ _____ _____ _____ _____ last week.

과거시제의 부정문과 의문문

주어	현재형	과거형	부정문
I / we / you / they	do	did	+ not
he / she / it	does		

❶ 일반동사 과거시제의 부정문: 「did not[didn't] + 동사원형」

I did not[didn't] eat breakfast this morning. 나는 오늘 아침에 식사를 하지 않았다.

❷ 일반동사 과거시제의 의문문: 「Did + 주어 + 동사원형~?」

She wanted a new computer. 그녀는 새 컴퓨터를 원했다.

Did she want a new bicycle? 그녀는 새 컴퓨터를 원했니?

→ Yes, she did. / No, she didn't. 응, 원했어. / 아니, 원하지 않았어.

Answers - p.15

Check-up 1 다음 밑줄 친 부분을 부정형으로 바꿔 쓰시오.

1 He waited for her call yesterday.　　→ _____ _____ _____

2 We took a trip last summer.　　→ _____ _____ _____

3 I broke the window a few minutes ago. → _____ _____ _____

4 They got up late this morning.　　→ _____ _____ _____ _____

Voca
wait for
~을 기다리다
take a trip
여행하다

Check-up 2 다음 밑줄 친 부분에 유의하여 문장을 의문문으로 바꿔 쓰시오.

1 He met Mr. Colin in the morning.

→ _____ he _____ Mr. Colin in the morning?

2 Molly hurt her knee last Saturday.

→ _____ Molly _____ her knee last Saturday?

3 They saw elephants in the zoo last weekend.

→ _____ they _____ elephants in the zoo last weekend?

4 He bought a birthday present for Lucy.

→ _____ he _____ a birthday present for Lucy?

Voca
hurt
다치게 하다
knee
무릎
elephant
코끼리
zoo
동물원

Voca

business trip
출장
already
이미, 벌써

1 A **Did** Kelly **leave** for her business trip already?

  B _____ , _____ _____ . She left two hours ago.

2 A **Did** your brother **play** computer games last night?

  B _____ , _____ _____ . He did his homework.

3 A **Did** you **eat** something in the morning?

  B _____ , _____ _____ . I didn't have time.

4 A **Did** your father **buy** some flowers for your mother?

  B _____ , _____ _____ . She was very happy about that.

STEP 2 다음 밑줄 친 부분을 어법에 맞게 고쳐 쓰시오.

Voca

chemistry
화학
semester
학기

1 Theo <u>didn't washed</u> his hair this morning. → _____

2 Samantha <u>didn't studied</u> chemistry last semester. → _____

3 <u>Did she brings</u> their lunch last Monday? → _____

4 <u>Does he enjoy</u> the movie last weekend? → _____

STEP 3 다음 문장을 부정문과 의문문으로 바꿔 쓰시오.

Voca

scarf
스카프
past
과거

1 She **wore** a blue scarf yesterday.

  부정문 _____

  의문문 _____

2 They **lived** near here in the past.

  부정문 _____

  의문문 _____

3 Your basketball team **won** the game last Friday.

  부정문 _____

  의문문 _____

STEP 4 다음 우리말과 같은 뜻이 되도록 주어진 단어를 배열하시오.

1 그녀는 아직 도서관에 책을 반납하지 않았다. (return, she, didn't, the book)

→ _____ to the library yet.

2 아버지는 그때 코트를 입고 있지 않으셨다. (wear, his coat, didn't, my father)

→ _____ at that time.

3 지하철은 제시간에 도착하지 않았다. (didn't, the subway, arrive)

→ _____ on time.

4 너의 남동생은 지난밤에 숙제를 했니? (finish, his homework, did, your brother)

→ _____ last night?

5 Ryan은 오늘 아침에 비행기를 탔니? (Ryan, get on, the plane, did)

→ _____ this morning?

6 공연이 끝나고 그들은 너를 기다렸니? (wait for, you, did, they)

→ _____ after the concert?

STEP 5 다음 주어진 조건에 따라 우리말에 맞게 영작하시오.

조건	1. 과거시제로 쓸 것	2. 부정문일 경우, 축약형을 사용할 것

1 나는 어제 텔레비전 쇼를 보지 않았다. (watch)

→ _____ _____ _____ a TV show yesterday.

2 Bonnie는 오늘 아침에 나에게 전화하지 않았다. (call)

→ _____ _____ _____ me this morning.

3 나의 스마트폰은 지난밤에 작동하지 않았다. (smartphone, work)

→ _____ _____ _____ last night.

4 그는 지난주에 헤밍웨이의 소설을 읽었니? (read)

→ _____ _____ _____ Hemingway's novel last week?

5 Gavin은 우산을 가져왔니? (bring, his umbrella)

→ _____ Gavin _____ _____ _____ ?

현재시제 vs. 과거시제

현재시제의 쓰임	과거시제의 쓰임
❶ 반복적인 행동이나 습관, 변하지 않는 진리나 일반적인 사실, 현재의 상태를 나타낼 때 쓴다.	❶ 이미 끝난 과거의 동작이나 상태를 나타낼 때 쓴다.
· I **go** to school at 8 in the morning. (반복적인 행동 · 습관) 나는 아침 여덟 시에 학교에 간다.	I **went** to Jeju two years ago. 나는 2년 전에 제주도에 갔다.
· Mt. Halla **is** 1,945 meters high. (진리 · 사실) 한라산은 높이가 1,945미터이다.	❷ 역사적 사실을 나타낼 때 쓴다. King Sejong the Great **invented** Hangeul. 세종대왕이 한글을 만들었다.
· He **looks** happy now. (현재의 상태) 그는 지금 행복해 보인다.	❸ 과거를 나타내는 부사구와 함께 쓰기도 한다.
❷ go, leave, start, arrive, come 등의 동사는 이미 확정된 미래를 의미할 때 현재시제로 쓰기도 한다. The train **leaves** at 7. 기차는 7시에 떠난다.	yesterday, ago, then, at that time, last week[month, year] …
❸ 현재를 나타내는 부사구와 함께 쓰기도 한다.	Julie **graduated** from middle school three years ago. Julie는 3년 전에 중학교를 졸업했다.
every day, every Thursday, on Sundays, once a week[month, year] …	
Kerry **goes** to church on Sundays. Kerry는 일요일마다 교회에 간다.	

Answers - p.16

Check-up 다음 밑줄 친 부분에 유의하여 괄호 안에서 가장 알맞은 것을 고르시오.

1 Jake (goes / went) to the gym <u>five days a week</u>.

2 The movie (starts / started) <u>at 8 p.m. on Saturdays from next week</u>.

3 Ben (plays / played) baseball with his friends <u>every day</u>.

4 The sun (rises / rose) <u>in the east</u>.

5 I (have / had) a nightmare <u>last night</u>.

6 World War II (breaks / broke) out <u>in 1939</u>.

7 He (comes / came) back to India <u>last week</u>.

8 Mom (makes / made) pancakes for breakfast <u>yesterday</u>.

9 I (brush / brushed) my teeth <u>ten minutes ago</u>.

10 My uncle (has / had) a big truck <u>four years ago</u>.

Voca

nightmare
악몽

break out
발생하다

pancake
팬케이크

다음 주어진 동사를 이용하여 밑줄 친 우리말 뜻에 맞게 문장을 완성하시오.

1 그녀는 올해 13살<u>이다</u>. (be)

→ She _____ thirteen years old this year.

2 나는 매일 밤 추리 소설을 <u>읽는다</u>. (read)

→ I _____ mystery books every night.

3 그는 매일 자신의 차를 이곳에 <u>주차한다</u>. (park)

→ He _____ his car here every day.

4 곰은 겨울 동안 잠을 <u>잔다</u>. (sleep)

→ Bears _____ during the winter.

5 그는 지난주에 서울로 <u>떠났다</u>. (leave)

→ He _____ for Seoul last weekend.

6 그들은 지난주에 무대에서 함께 <u>노래했다</u>. (sing)

→ They _____ together on the stage last week.

7 콜럼버스는 1492년에 미국을 <u>발견했다</u>. (discover)

→ Columbus _____ America in 1492.

다음 밑줄 친 부분에 유의하여 문장을 완성하시오.

Voca
steal
훔치다
scissors
가위
department store
백화점

1 My father _____ me a bike <u>a year ago</u>. (buy)

2 A tall man _____ my bag <u>yesterday</u>. (steal)

3 He _____ talking to her <u>at that time</u>. (stop)

4 I _____ the paper with scissors <u>an hour ago</u>. (cut)

5 We _____ for the school bus <u>every morning</u>. (wait)

6 The department store _____ at 10 <u>every night</u>. (close)

7 Lisa _____ badminton with her brother <u>once a week</u>. (play)

주어진 동사의 현재형과 과거형을 각각 한 번씩 사용하여 문장을 완성하시오.

Voca
skirt
치마
baggy pants
헐렁한 바지
classical music
클래식 음악

1 (wear) My sister usually _____ a long skirt, but she _____ baggy pants yesterday.

2 (go) Amelia usually _____ to bed at 11 p.m., but last night, she _____ to bed at midnight.

3 (take) Yesterday, my uncle _____ his car to work, but he usually _____ a bus.

4 (listen) Peter often _____ to hip-hop music at night, but he _____ to classical music last night.

5 (make) Last Sunday, my mother _____ tomato spaghetti for dinner, but she usually _____ creamy spaghetti for dinner.

다음 우리말과 같은 뜻이 되도록 주어진 단어를 배열하시오.

Voca
lay
(알을) 낳다
fresh
신선한
roof
지붕

1 나는 아침에 조깅을 한다. (go, I, jogging)

→ _____ in the morning.

2 거북은 모래에 알을 낳는다. (the turtle, eggs, lays)

→ _____ in the sand.

3 Baker 씨는 매일 아침 신선한 빵을 굽는다. (fresh bread, Mr. Baker, bakes)

→ _____ every morning.

4 우리는 밥을 먹기 전에 손을 씻는다. (our hands, we, wash)

→ _____ before meals.

5 나는 지붕을 초록색으로 칠했다. (I, the roof, painted)

→ _____ green.

6 그들은 나를 매우 잘 알고 있었다. (knew, they, me)

→ _____ very well.

7 Jake는 작년에 학교에 걸어 다녔다. (school, Jake, walked to)

→ _____ last year.

진행시제: 현재진행과 과거진행

✎ **진행시제**는 특정한 시점에 진행 중인 일을 나타내며, 「**be동사＋V-ing**」의 형태로 쓴다.

대부분의 동사	동사원형 ＋ -ing	playing, working, studying, eating …
-e로 끝나는 동사	e를 빼고 ＋ -ing	come → coming, write → writing, leave → leaving …
-ie로 끝나는 동사	ie를 y로 바꾸고 ＋ -ing	lie → lying, die → dying, tie → tying …
「단모음＋단자음」으로 끝나는 동사	마지막 자음을 한 번 더 쓰고 ＋ -ing	stop → stopping, begin → beginning, run → running, sit → sitting, swim → swimming …

❶ 현재진행: 「am / are / is＋V-ing」 ～하고 있다
I **am** walk**ing** along the beach. 나는 해변을 따라 걷고 있다.

❷ 과거진행: 「was / were＋V-ing」 ～하고 있었다, ～하던 중이었다
She **was** read**ing** the newspaper at that time.
그녀는 그때 신문을 읽고 있었다.

Tips

현재진행형은 미래를 나타내는 어구와 함께 쓰여 가까운 미래를 나타내기도 한다.
tomorrow, someday, later, soon, next week[month, year]
I **am** go**ing** to Paris next week.
나는 다음 주에 파리에 갈 것이다.

Answers - p.18

Check-up 다음 동사를 V-ing형으로 고쳐 쓰시오.

Voca
shake
흔들다
tie
묶다
set
놓다

1 fly → _____

2 watch → _____

3 look → _____

4 learn → _____

5 cry → _____

6 work → _____

7 study → _____

8 eat → _____

9 play → _____

10 give → _____

11 shake → _____

12 dance → _____

13 live → _____

14 come → _____

15 write → _____

16 make → _____

17 leave → _____

18 tie → _____

19 lie → _____

20 die → _____

21 cut → _____

22 hit → _____

23 plan → _____

24 stop → _____

25 swim → _____

26 run → _____

27 begin → _____

28 sit → _____

29 set → _____

30 put → _____

Voca
repair
수리하다
chat
이야기를 나누다
climb
오르다

1 My father **is** _____ the roof now. (repair)

2 I **am** _____ a letter for my parents now. (write)

3 They **are** _____ heavy boxes to the truck now. (carry)

4 Some people **were** _____ the birds in the park at that time. (feed)

5 Jackie and I **were** _____ on the computer last night. (chat)

6 The man **was** _____ up the Rocky Mountains two years ago. (climb)

STEP 2 다음 주어진 동사를 진행시제로 알맞게 바꿔 빈칸에 써넣으시오.

Voca
cello
첼로
text message
문자 메시지
a while ago
조금 전에

1 Gary _____ _____ the cello now. (play)

2 I _____ _____ a text message to Sandy a while ago. (send)

3 Patrick _____ dinner for me at this moment. (make)

4 My plants _____ _____ now. (die)

5 People _____ _____ at the park yesterday. (jog)

6 Ted and Sandy _____ on the sofa now. (sit)

STEP 3 다음 문장을 동사의 시제에 유의하여 진행시제로 바꿔 쓰시오.

1 Eric **dances** to the music.

→ Eric _____ _____ to the music now.

2 Two dogs **run** in the backyard.

→ Two dogs _____ _____ in the backyard now.

3 I **drank** a lot of water an hour ago.

→ I _____ _____ a lot of water an hour ago.

4 The children **swam** in the river yesterday.

→ The children _____ _____ in the river yesterday.

STEP 4 다음 우리말과 같은 뜻이 되도록 주어진 단어를 배열하시오.

1 Jenny는 지금 공원을 걷고 있다 (is, Jenny, walking)

→ _____ in the park now.

2 그들은 지금 공원에서 자전거를 타고 있다. (are, riding, they, a bike)

→ _____ at the park now.

3 그는 한 시간 전에 사진을 찍고 있었다. (was, taking, he, some pictures)

→ _____ an hour ago.

4 학생들은 어제 교실을 청소하고 있었다. (students, cleaning, were, their classroom)

→ _____ yesterday.

5 그녀는 그때 지갑을 찾고 있었다. (she, looking for, was, her purse)

→ _____ at that time.

6 우리는 지난 주말에 파티를 준비하고 있었다. (preparing, we, were, for the party)

→ _____ last weekend.

STEP 5 다음 주어진 조건에 따라 우리말에 맞게 문장을 완성하시오.

조건	1. 시제에 유의하여 쓸 것	2. 진행형으로 쓸 것

1 그는 지금 신발 끈을 묶고 있는 중이다. (tie)

→ _____ _____ _____ his shoes now.

2 우리는 지금 파티 계획을 세우고 있다. (plan)

→ _____ _____ _____ for the party now.

3 강아지 한 마리가 고양이를 지금 쫓고 있다. (run after)

→ _____ _____ _____ _____ _____ a cat now.

4 그때 바람이 세게 불고 있었다. (blow)

→ _____ _____ _____ hard at that time.

5 그들은 어제 옷을 싸고 있었다. (pack)

→ _____ _____ _____ their clothes yesterday.

진행시제의 부정문과 의문문

❶ 진행시제의 부정문: 「be동사＋not＋V-ing」

· I am not waiting for David now. 나는 지금 David를 기다리고 있지 않다.

· She was not singing a song at that time. 그녀는 그때 노래를 부르고 있지 않았다.

❷ 진행시제의 의문문: 「Be동사＋주어＋V-ing?」

· A Is your sister studying for the exam? 너의 여동생은 시험공부를 하고 있니?

  B Yes, she is. She is studying math for the exam. 응. 그녀는 시험을 위해 수학 공부를 하고 있어.

· A Were you playing soccer at 8 p.m. yesterday? 어제 오후 8시에 축구를 하고 있었니?

  B No, I wasn't. I was watching TV then. 아니. 나는 그때 TV를 보고 있었어.

Answers - p.19

Check-up 1 다음 밑줄 친 부분을 부정형으로 바꿔 쓰시오.

Voca
surf
인터넷을 검색하다
water
물을 주다

1 I am driving a nice car. → _____

2 Adam is surfing the Internet now. → _____

3 They are telling the truth. → _____

4 It was raining at that time. → _____

5 We were watering the plants in the garden. → _____

Check-up 2 다음 빈칸에 알맞은 말을 넣어 대화를 완성하시오.

Voca
take a shower
샤워를 하다
magazine
잡지

1 A _____ she _____ some cookies now? (make)

  B Yes, she is. They smell delicious.

2 A _____ they _____ a party? (have)

  B No, they aren't. They are staying at home.

3 A _____ you _____ a shower? (take)

  B Yes, I was. So I didn't hear the bell.

4 A _____ he _____ a magazine? (read)

  B No, he wasn't. He was listening to music.

다음 괄호 안에 말을 활용하여 문장을 완성하시오.

Voca
stadium
경기장
talk on the phone
통화하다

1 I _____ _____ _____ coffee at that time. (not, drink)

2 Sandy _____ _____ _____ a horse at the stadium now. (not, ride)

3 Emily and Tom _____ _____ _____ their homework now. (not, do)

4 _____ you _____ now? (cry)

5 _____ your mom _____ on the phone now? (talk)

6 _____ they _____ to him then? (listen)

STEP 2 다음 밑줄 친 부분을 어법에 맞게 고쳐 쓰시오.

Voca
gym
체육관
look for
~을 찾다

1 Mona isn't live with her sister in Paris now. → _____

2 They are not take a vacation now. → _____

3 We was not learning yoga at the gym then. → _____

4 Were you talking to me now? → _____

5 Was he looks for his textbook at that time? → _____

STEP 3 다음 문장을 부정문과 의문문으로 바꿔 쓰시오.

1 She **is watching** TV now.

부정문 _____

의문문 _____

2 They **are playing** badminton now.

부정문 _____

의문문 _____

3 The elevator **was working** at 7 last Tuesday.

부정문 _____

의문문 _____

STEP 4 다음 우리말과 같은 뜻이 되도록 주어진 단어를 배열하시오.

Voca
souvenir
기념품
exercise
운동하다

1 그녀는 지금 안경을 쓰고 있지 않다. (not, she, is, wearing, glasses)

→ _____ now.

2 그들은 지금 이 순간 컴퓨터를 사용하고 있지 않다. (are, not, they, using, computers)

→ _____ at this moment.

3 Jason은 그때 기념품을 사러 다니고 있지 않았다. (not, Jason, was, shopping)

→ _____ for souvenirs then.

4 우리는 그때 과학을 공부하고 있지 않았다. (not, we, were, studying, science)

→ _____ at that time.

5 Sally는 지금 점심으로 시저 샐러드를 만들고 있니? (making, is, Sally, a Caesar salad)

→ _____ for lunch now?

6 그들은 지금 헬스장에서 운동을 하고 있니? (they, are, exercising, in the gym)

→ _____ now?

STEP 5 다음 주어진 조건에 따라 우리말에 맞게 문장을 완성하시오.

조건	1. 수와 시제에 유의하여 쓸 것	2. 진행형으로 쓸 것

1 나는 지금 수학 숙제를 하고 있지 않다. (do)

→ _____ _____ _____ _____ my math homework now.

2 그녀는 지금 연설을 준비하고 있지 않다. (prepare)

→ _____ _____ _____ for her speech now.

3 우리는 어제 8시에 야구를 하고 있지 않았다. (play)

→ _____ _____ _____ baseball at 8 yesterday.

4 그가 지금 너를 귀찮게 하고 있니? (bother)

→ _____ _____ _____ you now?

5 그 아기가 그때 나에게 미소 짓고 있었니? (the baby, smile)

→ _____ _____ _____ at me at that time?

[1-2] 다음 문장을 과거시제로 바꾸시오.

1

It is 5 p.m. now.

→ It _____ 5 p.m. an hour ago.

2

She goes to the library twice a week.

→ She _____ to the library yesterday.

3 다음 빈칸에 공통으로 들어갈 be동사를 알맞은 형태로 변형하여 쓰시오.

· They _____ drinking coffee an hour ago.
· _____ you watching the show at 7 yesterday?

→ _____

4 다음 문장들을 부정문으로 만들기 위해 빈칸에 공통으로 들어갈 단어를 쓰시오.

· She _____ take the school bus yesterday.
· Matt and Sandy _____ go to the party last Friday.

→ _____

5 다음 박스 안의 be동사를 알맞게 사용하여 문장을 완성하시오.

am   are   is   was   were

(1) I _____ taking four subjects this semester.

(2) They _____ standing at the bus stop at 5 yesterday.

[6-7] 다음 문장을 괄호 안의 지시대로 바꿔 쓰시오.

6

She was in the classroom.

(1) (부정문으로)

→ _____

(2) (의문문으로)

→ _____

7

They met Judy at the bank yesterday.

(1) (부정문으로)

→ _____

(2) (의문문으로)

→ _____

[8-9] 다음 주어진 동사를 이용하여 대화를 완성하시오.

8

A _____ your mother _____ breakfast now? (make)

B No, she isn't. She _____ _____ a newspaper now. (read)

9

A _____ you _____ the dishes then? (wash)

B No, I wasn't. I _____ _____ _____ the garbage. (take out)

10 다음 빈칸에 알맞은 말을 넣어 문장을 완성하시오.

A Where are you going now?

B 나는 슈퍼마켓에 가고 있어. I want to buy some snacks.

→ I _____ to supermarket. (go)

[11-14] 다음 우리말과 같은 뜻이 되도록 주어진 단어를 알맞게 배열하여 문장을 완성하시오.

11 내 여동생은 오랫동안 낮잠을 잤다.
(for, a long time, my baby sister, took a nap)

→ _____

12 너는 발리에서 좋은 시간을 보냈니?
(a great time, in Bali, did, have, you)

→ _____

13 Esther는 지금 캔버스에 그림을 그리고 있다.
(on a canvas, Esther, a picture, is, drawing, now)

→ _____

14 너의 남동생은 그때 안경을 끼고 있었니?
(wearing, glasses, was, your brother, at that time)

→ _____

[15-18] 다음 우리말과 같은 뜻이 되도록 주어진 단어를 이용하여 문장을 완성하시오.

조건 주어와 동사를 갖춘 완전한 문장으로 쓸 것

15 그녀는 어제 아프지 않았다. (not, sick)

→ _____

16 그는 아이스크림을 먹었니? (eat, ice-cream)

→ _____

17 나는 지금 어머니를 돕고 있다. (help, mother)

→ _____

18 그는 그때 음악을 듣고 있지 않았다.
(listen to music, at that time)

→ _____

[19-20] 다음 대화를 읽고, 물음에 답하시오.

Dana	Hi, Leslie. Did you see Eunice?
Leslie	Yes, I did.
Dana	Really? I ① call her at 7 p.m., but she wasn't at home.
Leslie	At that time, (a) 그녀는 우리 집에서 숙제를 하고 있었어. She ② leave at 8 p.m.
Dana	OK, thanks.

19 다음 ①, ②를 조건에 맞게 알맞은 형태로 고치시오.

조건 과거형으로 알맞게 고쳐 쓸 것

① _____ ② _____

20 (a)의 우리말과 같은 뜻이 되도록 주어진 단어를 이용하여 문장을 완성하시오.

조건 1. 과거 진행형 문장으로 쓸 것
      2. do one's homework, at my house를 이용할 것

→ _____

Chapter

3

조동사

도전만점! 중등내신 단답형 & 서술형

can은 '~할 수 있다, 해도 좋다'라는 의미로 능력, 가능, 허락, 허가를 나타낸다.

긍정문	can + 동사원형	Tony **can speak** Korean a little. Tony는 한국어를 조금 할 수 있다. (능력) You **can leave** now. 너는 지금 떠나도 좋다. (허락)
부정문	cannot[can't] + 동사원형	You **cannot[can't] go out** after 10 p.m. 너는 오후 10시 이후에 외출할 수 없다.
의문문	Can + 주어 + 동사원형~?	A **Can** you **drive** a car? 너는 운전할 수 있니? B Yes, I **can**. / No, I **can't**. 응, 할 수 있어. / 아니, 할 수 없어.

Tips

can의 과거형은
could이다.

Answers - p.22

Check-up 1 다음 괄호 안에서 가장 알맞은 것을 고르시오.

1　He can (lift / lifts) the heavy box.

2　Ella can (play / plays) the violin.

3　I can't (find / found) an exit in the theater.

4　They can't (rent / rented) a car this week.

5　Can you (are / be) my friend?

6　Can your sister (help / helps) me with my homework?

Voca

lift
들어 올리다
exit
출구
rent
빌리다

Check-up 2 다음 밑줄 친 부분을 부정형으로 바꿔 쓰시오. (단, 축약형을 사용할 것)

1　James <u>can solve</u> the problem easily.　→ _____

2　You <u>can take</u> a nap for a while.　→ _____

3　He <u>can ride</u> a motorcycle.　→ _____

4　I <u>can see</u> the moon right now.　→ _____

Voca

solve
해결하다
take a nap
낮잠을 자다
for a while
잠시 동안

다음 문장을 의문문으로 바꿔 쓰시오.

Voca

fix
고치다, 수리하다
refrigerator
냉장고
fireworks
불꽃놀이

1 You **can call** a taxi for me.

→ _____ you _____ a taxi for me?

2 He **can fix** an old refrigerator.

→ _____ he _____ an old refrigerator?

3 Molly **can ride** inline skates.

→ _____ Molly _____ inline skates?

4 They **can see** the fireworks tonight.

→ _____ they _____ the fireworks tonight?

STEP 2 다음 밑줄 친 우리말에 맞도록 빈칸을 채우시오. (단, 부정문은 축약형을 사용할 것)

1 Nancy는 열쇠를 찾을 수 없다. (find)

→ Nancy _____ _____ her key.

2 그는 영어를 잘 쓸 수 있니? (write)

→ _____ he _____ English well?

3 Robin 씨는 그 질문에 대답할 수 없었다. (answer)

→ Mr. Robin _____ _____ the question.

STEP 3 다음 문장을 부정문과 의문문으로 바꿔 쓰시오.

Voca

alone
혼자
eat out
외식하다

1 He can finish the work alone.

부정문 _____

의문문 _____

2 We can eat out tonight.

부정문 _____

의문문 _____

3 She can use her laptop computer.

부정문 _____

의문문 _____

Voca

reach
~에 닿다
shelf
선반
hold one's breath
숨을 참다

STEP 4 다음 우리말과 같은 뜻이 되도록 주어진 단어를 배열하시오.

1 나는 그 나무에 오를 수 있다. (can, I, climb up, the tree)

→ _____

2 여동생은 책장 꼭대기에 손이 닿을 수 없다. (can't, the top shelf, reach, my sister)

→ _____

3 Robin은 작년에 얼어붙은 호수에서 스케이트를 탈 수 있었다. (could, skate, Robin, on the frozen lake)

→ _____ last winter.

4 너는 1분 동안 숨을 참을 수 있니? (for a minute, can, hold, your breath, you)

→ _____

5 Dorothy는 일본어를 읽을 수 있니? (can, read, Dorothy, Japanese)

→ _____

STEP 5 다음 주어진 조건에 따라 우리말에 맞게 영작하시오.

조건 1. 조동사 can이나 could를 사용할 것   2. 부정문일 경우, 축약형을 사용할 것

1 Mark는 매우 빠르게 수영할 수 있다. (swim, very fast)

→ _____

2 너는 내 공책을 빌릴 수 있다. (borrow, my notebook)

→ _____

3 그는 이번 여름에 영어 캠프에 참가할 수 없다. (join, the English camp, this summer)

→ _____

4 나는 제시간에 기차를 탈 수 있었다. (catch, the train, on time)

→ _____

5 그녀가 내 이름을 기억할 수 있을까? (remember, my name)

→ _____

6 너는 양 한 마리를 그릴 수 있니? (draw, a sheep)

→ _____

will / be going to

will은 '~할 것이다, ~하겠다'는 뜻으로 미래를 나타낸다.

긍정문	will + 동사원형	It **will be** sunny tomorrow. 내일 날씨가 맑을 것이다.
부정문	will not[won't] + 동사원형	I **will not[won't] give** him my money. 나는 그에게 내 돈을 주지 않을 것이다.
의문문	Will + 주어 + 동사원형 ~?	A **Will** she **go** to the party with him? 그녀가 그와 함께 파티에 갈까? B Yes, she **will**. / No, she **will not[won't]**. 응, 갈 거야. / 아니, 안 갈 거야.

be going to는 '~할 것이다, ~ 할 예정이다'는 뜻으로 미래를 나타낸다.

긍정문	be going to + 동사원형	The soccer game **is going to start** soon. 축구경기가 곧 시작할 것이다.
부정문	Be동사 + not + going to + 동사원형	I **am not going to** take a taxi anymore. 나는 더 이상 택시를 타지 않을 것이다.
의문문	Be동사 + 주어 + going to + 동사원형 ~?	A **Are** you **going to visit** her house tomorrow? 너는 내일 그녀의 집을 방문할 거니? B Yes, I **am**. / No, I'm **not**. 응, 방문할 거야. / 아니, 방문하지 않을 거야.

Answers - p.23

Check-up 1 다음 괄호 안에서 가장 알맞은 것을 고르시오.

Voca
all night
밤새도록

1 I will (be / am) back by 11 o'clock.

2 She will (go / goes) to London next April.

3 John is going to (eat / eats) salad for breakfast.

4 Bella and I are going to (study / studies) all night.

Check-up 2 다음 밑줄 친 부분을 부정형으로 바꿔 쓰시오. (단, 축약형을 사용하지 말 것)

Voca
take a test
시험을 보다
travel
여행하다

1 They <u>will take</u> an English test tomorrow. → _____

2 Emily <u>will come</u> back home this weekend. → _____

3 We <u>are going to</u> go to the beach this Sunday. → _____

4 I <u>am going to</u> travel to Greece this summer. → _____

Voco
go to the movies
영화 보러 가다
attend
참석하다

STEP 1 다음 문장을 의문문으로 바꿔 쓰시오.

1   She **will come** to the party.

→ _____ she _____ to the party?

2   They **will go** to the movies tonight.

→ _____ they _____ to the movies tonight?

3   It **is going to rain** today.

→ _____ it _____ _____ _____ today?

4   They **are going to attend** the meeting.

→ _____ they _____ _____ _____ the meeting?

STEP 2 다음 밑줄 친 우리말에 맞도록 빈칸을 채우시오. (단, 부정문은 축약형을 사용할 것)

1   Tom은 내일 미술관에 <u>가지 않을 것이다.</u> (will, go)

→ Tom _____ _____ to the gallery tomorrow.

2   그는 내일 저녁으로 국수를 <u>만들 거니?</u> (will, make)

→ _____ he _____ noodles for dinner tomorrow?

3   그들은 다음 주에 새집으로 <u>이사하니?</u> (be going to, move)

→ _____ they _____ _____ _____ to a new house next week?

STEP 3 다음 문장을 부정문과 의문문으로 바꿔 쓰시오.

Voco
truth
사실, 진리
sell
팔다

1   They will tell you the truth.

부정문 _____

의문문 _____

2   Max is going to sell his car.

부정문 _____

의문문 _____

3   Jenny is going to call again tonight.

부정문 _____

의문문 _____

Voca
whole
전체의, 모든
laundry
세탁물
learn
배우다

1 Nick은 우리를 위해 표를 살 것이다. (will, Nick, buy, the tickets)

→ _____ for us.

2 할머니는 개를 데리고 오지 않을 것이다. (my grandmother, bring, her dog, won't)

→ _____

3 나랑 저녁 먹을래? (you, will, have, dinner)

→ _____ with me?

4 그들은 내일 대청소를 할 것이다. (are going to, clean, they)

→ _____ the whole house tomorrow.

5 Martin은 이번 주에 빨래를 하지 않을 것이다. (is going to, Martin, do, the laundry, not)

→ _____ this weekend.

6 그는 이번 여름에 수영하는 법을 배울 예정이니? (learn, is going to, he)

→ _____ how to swim this summer?

STEP 5 다음 주어진 조건에 따라 우리말에 맞게 문장을 완성하시오.

조건	1. 조동사 will이나 be going to를 사용할 것	2. 부정문일 경우, 축약형을 사용할 것

1 나는 다음 여행에서 사진을 좀 찍을 것이다. (take, some pictures)

→ _____ _____ _____ _____ on my next trip.

2 그는 내일 늦게까지 공부하지 않을 것이다. (study)

→ _____ _____ _____ late tomorrow.

3 너는 오늘 오후에 집에 있을 거니? (be, at home)

→ _____ _____ _____ _____ _____ this afternoon?

4 그들은 내일 벽을 페인트칠할 거니? (paint)

→ _____ _____ _____ _____ _____ the walls?

5 너의 삼촌은 다음 주에 도착할 거니? (arrive, uncle)

→ _____ _____ _____ _____ _____ next week?

✎ may는 '~해도 된다'는 허가를 나타내거나 '~일지도 모른다'는 추측을 나타낸다.

긍정문	may + 동사원형	You **may swim** here. 너는 여기에서 수영을 해도 된다. (허가) I **may go** skiing tomorrow. 나는 내일 스키 타러 갈지도 모른다. (추측)
부정문	may not + 동사원형	You **may not smoke** here. 여기서 담배를 피워서는 안 된다. (금지) It **may not rain** tonight. 오늘 밤에 비가 오지 않을지도 모른다. (추측)
의문문	May + 주어 + 동사원형 ~?	A **May I come** in? 내가 들어가도 되니? B Yes, you **may.** / No, you **may not.** 응, 그래. / 아니, 안 돼.

Answers - p.24

Tips

허락을 구하는 「May I~?」는 「Can I~?」로 바꿔 쓸 수 있다.

Check-up 1 다음 괄호 안에서 가장 알맞은 것을 고르시오.

1 It may (is / be) true.

2 You may (takes / take) my umbrella.

3 He may not (answers / answer) my phone.

4 May I (has / have) your autograph?

Voca

true
진실인
autograph
사인, 서명

Check-up 2 다음 밑줄 친 우리말에 유의하여 빈칸을 채우시오.

1 너는 TV를 <u>봐도 좋다</u>. (watch)

   → You ＿＿＿＿＿＿＿＿＿＿＿＿＿ TV.

2 너는 지금 <u>가도 좋다</u>. (go)

   → You ＿＿＿＿＿＿＿＿＿＿＿＿＿ now.

3 그는 <u>피곤할지도 모른다</u>. (be)

   → He ＿＿＿＿＿＿＿＿＿＿＿＿＿ tired.

4 밤 동안 <u>눈이 내릴지도 모른다</u>. (snow)

   → It ＿＿＿＿＿＿＿＿＿＿＿＿＿ during the night.

5 Tony는 제시간에 콘서트홀에 <u>도착할지 모른다</u>. (arrive)

   → Tony ＿＿＿＿＿＿＿＿＿＿＿＿＿ at the concert hall on time.

STEP 1 다음 밑줄 친 부분을 부정형으로 바꾸시오.

1 He <u>may pass</u> the exam. → _____

2 They <u>may come</u> today. → _____

3 She <u>may remember</u> my name. → _____

4 We <u>may miss</u> our train. → _____

STEP 2 다음 밑줄 친 부분에 유의하여 의문문을 완성하시오.

1 You <u>may leave</u> the table now.

→ _____ I _____ the table now?

2 You <u>may borrow</u> this book.

→ _____ I _____ this book?

3 You <u>may play</u> soccer after school.

→ _____ I _____ soccer after school?

4 You <u>may park</u> here.

→ _____ I _____ here?

STEP 3 다음 밑줄 친 우리말에 맞도록 may를 활용하여 빈칸을 채우시오.

1 너는 점심 식사 후에 초콜릿을 <u>먹어도 좋다</u>. (eat)

→ You _____ _____ chocolate after lunch.

2 너는 여기에 <u>앉아서는 안 된다</u>. (sit)

→ You _____ _____ _____ here.

3 내가 잠깐 동안 너의 펜을 <u>써도 되니</u>? (use)

→ _____ _____ _____ your pen for a moment?

4 내가 그 패션잡지를 <u>읽어도 되니</u>? (read)

→ _____ _____ _____ the fashion magazine?

STEP 4 다음 우리말과 같은 뜻이 되도록 주어진 단어를 배열하시오.

Voca
fishing
낚시
try on
~을 입어 보다
jeans
청바지

1 당신은 이곳에 머물러도 된다. (may, you, stay, here)

→ _____

2 아버지는 이번 주 금요일에 낚시하러 갈지도 모른다. (may, my father, go fishing)

→ _____ this Friday.

3 Amy는 밴드 멤버가 아닐지도 모른다. (not, be, a band member, Amy, may)

→ _____

4 그녀는 이번 주말에 하이킹을 가지 않을지도 모른다. (go hiking, she, not, may)

→ _____ this weekend.

5 내가 이 청바지를 입어 볼 수 있니? (may, try on, I, these jeans)

→ _____

6 내가 이 과정에 대한 정보를 얻을 수 있니? (I, have, may, some, information)

→ _____ about the course?

STEP 5 다음 주어진 조건에 따라 우리말에 맞게 문장을 완성하시오.

Voca
receipt
영수증
ID card
신분증

| 조건 | 1. 조동사 may를 사용할 것 | 2. 괄호 안에 주어진 단어를 사용할 것 |

1 그녀는 우리를 위해 과자를 가져올지도 모른다. (bring, some cookies)

→ _____ _____ _____ _____ for us.

2 Lisa는 우리 동아리에 가입하지 않을지도 모른다. (join, our club)

→ _____ _____ _____ _____ _____ .

3 이 책은 재미없을지도 모른다. (be, fun)

→ _____ _____ _____ _____ _____ .

4 제가 영수증을 받을 수 있을까요? (have, a receipt)

→ _____ _____ _____ _____ _____ ?

5 내가 너의 신분증을 봐도 되니? (see, your, ID card)

→ _____ _____ _____ _____ _____ ?

64

Unit 04 must / have to

must는 '~해야 한다'는 필요나 의무를 나타내거나 '~임에 틀림없다'는 강한 추측을 나타낸다.

필요나 의무 (= have to)	He **must** finish his homework by tomorrow. = He **has to** finish his homework by tomorrow. 그는 내일까지 숙제를 끝내야 한다.
강한 추측	It **must** be true. 그것은 사실이 틀림없다.

Tips

must는 과거형이 없으므로, have to의 과거 had to를 이용해 과거시제로 만든다.

I **had to** get up early yesterday.
나는 어제 일찍 일어나야 했다.

must not vs. don't have to

must not + 동사원형 ~해서는 안 된다	You **must not** be late for school again. 너는 다시는 학교에 지각해서는 안 된다.
don't have to + 동사원형 ~할 필요가 없다(불필요)	I **don't have to** wear glasses. 나는 안경을 쓸 필요가 없다.

Answers - p.25

Check-up 1 다음 밑줄 친 must가 의미하는 것을 고르시오.

1 Andy <u>must</u> be hungry.   [~임에 틀림없다 / 해야 한다]

2 All students <u>must</u> be at school by 9:00.   [~임에 틀림없다 / 해야 한다]

3 You <u>have to</u> follow the rules.   [~임에 틀림없다 / 해야 한다]

Voca
follow
따르다
rule
규칙

Check-up 2 다음 밑줄 친 우리말에 맞도록 빈칸을 채우시오.

1 우리는 빨간불에서 <u>멈춰야 한다</u>. (stop)

  → We _____ _____ at the red light.

2 그는 교복을 <u>입어야 한다</u>. (wear)

  → He _____ _____ a school uniform.

3 그녀는 <u>부자임이 틀림없다</u>. (be)

  → She _____ _____ rich.

4 Willson 씨는 집에 일찍 <u>가야 한다</u>. (go)

  → Mr. Willson _____ _____ _____ home early.

5 우리는 수업 시간에 선생님 말씀을 <u>들어야 한다</u>. (listen)

  → We _____ _____ _____ to our teacher during classes.

다음 밑줄 친 부분을 부정형으로 바꾸시오.

1 You <u>must stay</u> at home. → _____

2 He <u>must cancel</u> the soccer game. → _____

3 You <u>have to have</u> a textbook. → _____

4 She <u>has to bring</u> her camera. → _____

STEP 2 다음 밑줄 친 우리말에 맞도록 빈칸을 채우시오.

1 우리는 약속을 어겨서는 <u>안 된다</u>.

→ We _____ _____ break our promise.

2 너는 문이 잠기지 않은 채로 떠나서는 <u>안 된다</u>.

→ You _____ _____ leave the door unlocked.

3 그들은 카페에서 조용히 <u>할 필요가 없다</u>.

→ They _____ _____ _____ keep silent in the cafe.

4 나는 숙제를 오늘 끝내야 <u>할 필요가 없다</u>.

→ I _____ _____ _____ finish my homework today.

STEP 3 다음 주어진 말을 활용하여 밑줄 친 우리말에 맞도록 빈칸을 채우시오.

1 학생들은 수업에 <u>집중해야 한다</u>. (pay attention)

→ Students _____ _____ _____ in class.

2 너는 애완동물을 건물 안으로 <u>데리고 오면 안 된다</u>. (bring)

→ You _____ _____ _____ your pet into the building.

3 우리는 해외 여행을 하려면 여권을 <u>가지고 있어야 한다</u>. (have)

→ We _____ _____ _____ a passport to travel abroad.

4 그녀는 저 두꺼운 책을 <u>읽을 필요가 없다</u>. (read)

→ She _____ _____ _____ that thick book.

STEP 4 다음 우리말과 같은 뜻이 되도록 주어진 단어를 배열하시오.

1 그녀는 8시까지 도서관에 책을 반납해야 한다. (return, the book, she, must, to the library)

   → _____ by 8 p.m.

2 무슨 문제가 있는 것이 틀림없다. (must, there, something wrong, be)

   → _____

3 너는 그 상자를 열어서는 안 된다. (not, you, open, the box, must)

   → _____

4 우리는 길거리에 쓰레기를 버려서는 안 된다. (throw away, trash, we, must, not)

   → _____ in the street.

5 나는 새 공책을 살 필요가 없다. (I, buy, a new notebook, have to, don't)

   → _____

6 그는 일찍 일어날 필요가 없다. (have to, he, wake up, early, doesn't)

   → _____

STEP 5 다음 주어진 조건에 따라 우리말에 맞게 영작하시오.

| 조건 | 1. 괄호에 주어진 단어를 사용할 것   2. 조동사 must나 have to를 이용하여 쓸 것 |

1 Jane은 아픈 것임에 틀림없다. (be, sick)

   → ____ ____ ____ ____ .

2 당신은 은행 계좌를 개설해야 합니다. (open, a bank account)

   → ____ ____ ____ ____ ____ .

3 너는 부모님께 거짓말을 하면 안 된다. (tell, a lie)

   → ____ ____ ____ ____ ____ to your parents.

4 Jack은 여행 전에 차를 수리해야 한다. (fix, his car)

   → ____ ____ ____ ____ ____ before the trip.

5 나의 어머니께서는 내일 출근할 필요가 없으시다. (work)

   → ____ ____ ____ ____ ____ tomorrow.

Unit 05 should

should는 '~해야 한다'라는 의미로 의무, 당연, 충고를 나타낸다.

긍정문	should + 동사원형	You **should exercise** every day. 너는 매일 운동을 해야 한다.
부정문	should not[shouldn't] + 동사원형	You **should not[shouldn't] eat** too much. 너는 너무 많이 먹지 말아야 한다.
의문문	Should + 주어 + 동사원형 ~?	A **Should I tell** him the truth? 내가 그에게 진실을 말해야만 하니? B Yes, you **should**. / No, you **don't have to**. 응, 그래야 해. / 아니, 그럴 필요 없어.

Answers - p.26

Check-up 1 다음 괄호 안에서 가장 알맞은 것을 고르시오.

1 You should (are / be) quiet in the museum.

2 My father should (takes / take) a rest.

3 You shouldn't (goes / go) out.

4 Should I (reads / read) many books?

Voca
museum
박물관
take a rest
쉬다

Check-up 2 다음 밑줄 친 우리말에 맞도록 빈칸을 채우시오.

1 너는 내 충고를 <u>들어야 한다</u>. (listen to)

→ You _____ _____ _____ my advice.

2 그녀는 접시를 <u>씻어야 한다</u>. (wash)

→ She _____ _____ the dishes.

3 아이들은 일찍 자러 <u>가야 한다</u>. (go)

→ Children _____ _____ to bed early.

4 너는 지금 왼쪽으로 <u>돌아야 한다</u>. (turn)

→ You _____ _____ left now.

5 우리는 타인의 권리를 <u>존중해야 한다</u>. (respect)

→ We _____ _____ the rights of others.

Voca
advice
충고
respect
존경하다
right
권리

68

다음 밑줄 친 부분을 부정형으로 바꾸시오.

Voca
lock
잠그다
safety
안전

1 You should leave your bags here.   → _____ _____ _____

2 He should drive slowly.   → _____ _____ _____

3 You should lock the door for safety.   → _____ _____ _____

4 I should call her tonight.   → _____ _____ _____

STEP 2 다음 문장을 의문문으로 바꾸시오.

Voca
trust
신뢰
cancel
취소하다

1 Ann should trust him.

→ _____ Ann _____ him?

2 They should buy the book.

→ _____ they _____ the book?

3 I should cancel the meeting.

→ _____ I _____ the meeting?

4 We should bring our lunch.

→ _____ we _____ our lunch?

STEP 3 다음 밑줄 친 우리말에 맞도록 빈칸을 채우시오.

1 너는 수업에 집중해야 한다. (pay attention)

→ You _____ _____ _____ in class.

2 그녀는 커피를 너무 많이 마시지 말아야 한다. (drink)

→ She _____ _____ too much coffee.

3 제가 그녀에게 전화해야 하나요? (call)

→ _____ _____ _____ her?

4 파티에 정장을 입어야 하나요? (wear)

→ _____ _____ _____ a suit to the party?

다음 우리말과 같은 뜻이 되도록 주어진 단어를 배열하시오.

Voca
motorcycle
오토바이
make a noise
떠들다
book
예약하다

1 너는 헬멧 없이 오토바이를 타서는 안 된다. (you, not, should, ride, a motorcycle)

→ _____ without a helmet.

2 그녀는 단것을 먹지 말아야 한다. (eat, sweets, she, shouldn't)

→ _____

3 우리는 떠들지 말아야 한다. (we, not, make, a noise, should)

→ _____

4 우리는 표를 예약해야 하니? (book, a ticket, should, we)

→ _____

5 내가 지금 계산해야 하니? (I, should, pay, now)

→ _____

STEP 5 다음 주어진 조건에 따라 우리말에 맞게 영작하시오.

Voca
work out
운동하다
waste
낭비하다

조건	1. 조동사 should를 사용하여 쓸 것	2. 괄호 안에 주어진 단어를 사용할 것

1 그는 두꺼운 코트를 입어야 한다. (wear, a thick coat)

→ _____

2 우리는 밥을 먹기 전에 손을 씻어야 한다. (wash, our hands, before meals)

→ _____

3 나는 매일 운동을 해야 한다. (work out, every day)

→ _____

4 너는 시간을 낭비하지 말아야 한다. (waste, your time)

→ _____

5 그들은 학교에 늦지 않아야 한다. (be late for)

→ _____

6 내가 채소를 더 많이 먹어야 하니? (eat, more, vegetables)

→ _____

[1-3] 다음 문장을 괄호 안의 지시대로 바꿔 쓰시오.

1

> She can bake some cookies.

(부정문으로)

→ _____

2

> You may have a seat.

(의문문으로, 주어를 I로)

→ _____

3

> We should stop at the red light.

(의문문으로)

→ _____

[4-5] 다음 그림을 보고, 보기와 같이 조동사 must를 사용하여 문장을 완성하시오.

보기

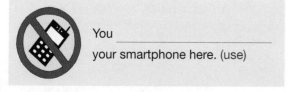
You must not smoke here. (smoke)

4

You _____ at this sign. (stop)

5

You _____ your smartphone here. (use)

6 다음 우리말을 조동사 may를 사용하여 영작하시오.

> 내가 너의 공책을 빌려도 될까? (borrow, notebook)

→ _____

7 다음 밑줄 친 우리말을 be going to를 이용하여 영작하시오.

> A Do you have any plans for your vacation?
> B Yes. 나는 할아버지를 방문할 거야. (visit)

→ _____

8 다음 밑줄 친 우리말을 조동사 should를 사용하여 영작하시오.

> A Can I drive fast here?
> B No, 너는 천천히 운전해야 해. (drive)
> Kids are playing around here.

→ _____

[9-10] 다음 표를 보고 조동사 can을 활용하여 문장을 완성하시오.

Name	Ride a Bike	Speak Spanish
Emily	O	X
Tom	X	O

9

> Emily _____ ride a bike, but she _____ speak Spanish.

10

> Tom _____ speak Spanish, but he _____ ride a bike.

[11-14] 다음 우리말과 같은 뜻이 되도록 주어진 단어를 알맞게 배열하여 문장을 완성하시오.

11 밤에 추울 수도 있어.

(at night, it, be, cold, may)

→ _____

12 Daisy는 내일 머리를 자를 거니?

(get, a haircut, tomorrow, will, Daisy)

→ _____

13 모든 승객은 안전벨트를 매야 합니다.

(has to, every passenger, wear, a seat belt)

→ _____

14 너는 시험에 대해 걱정할 필요 없어.

(worry about, you, don't, have to, the test)

→ _____

[15-18] 다음 우리말과 같은 뜻이 되도록 주어진 단어를 이용하여 문장을 완성하시오.

조건	1. 주어와 동사를 갖춘 완전한 문장으로 쓸 것
	2. 주어진 단어를 활용하여 쓸 것

15 수영장에서는 수영 모자를 착용해야 합니다.

(wear, a swimming cap, should)

→ _____

16 그 아기는 아이스크림을 먹을 수 없다.

(eat, ice-cream, can)

→ _____

17 그녀는 나의 수학 숙제를 도와줄지도 몰라.

(help me with, homework, may)

→ _____

18 너는 파티에서 노래를 부를 거니?

(be, going to, at the party)

→ _____

[19-20] 다음 대화를 읽고, 물음에 답하시오.

Brian   Hello, Nancy. (a)너는 오늘 저녁에 도서관에 갈 거니?

Nancy   No, I will not. I'll ①am at home. I bought a video game, and I want to play it tonight.

Brian   Can I ②comes to your house and play it with you?

Nancy   I have to ask my parents first. They may say yes.

Brian   I really hope so!

Nancy   Okay. You can call me later.

19 다음 ①, ②를 알맞은 형태로 고치시오.

① _____   ② _____

20 다음 (a)의 우리말과 같은 뜻이 되도록 주어진 조건에 따라 영작하시오.

조건	1. 조동사 will을 사용하여 쓸 것
	2. 주어와 동사를 갖춘 완전한 문장으로 쓸 것

→ _____

Chapter 4

명사와 관사

도전만점! 중등내신 단답형&서술형

✏️ 명사: 사람이나 사물, 장소 등을 나타내는 말로, 셀 수 있는 명사와 셀 수 없는 명사로 구분한다.

❶ 셀 수 있는 명사: a(n)을 붙이거나 **복수형**으로 써야 한다.

보통명사	일반적인 사물에 두루 쓰이는 이름	computer, pen, tree, house, dog, cat, bird, day, week, month ...
집합명사	같은 종류의 것이 여럿 모여 전체를 나타내는 명사	family, class, people, crowd, group, club, army ...

❷ 셀 수 없는 명사: a(n)을 붙이거나 복수형으로 쓸 수 없다.

물질명사	일정한 형태가 없어서 셀 수 없는 물질을 나타내는 명사	water, air, furniture, money, flour, fruit, paper, wood, stone ...
고유명사	사람, 장소, 사물의 고유한 이름을 나타내는 명사로, 첫 글자는 대문자로 쓴다.	Korea, American, Jack Frost, Mt. Everest, April, Sunday ...
추상명사	추상적인 개념을 나타내는 명사	love, peace, beauty, hope, dream, happiness, advice ...

Answers - p.29

Check-up 1 다음 문장에서 명사를 찾아 쓰시오.

1 Jake has a big dog.   → _____ , _____

2 Ben drinks cold water.   → _____ , _____

3 Chocolate is my favorite sweet. → _____ , _____

4 My shoes have a hole.   → _____ , _____

5 People looked at the shining star. → _____ , _____

Voca
sweet
단 것
hole
구멍

Check-up 2 다음 단어들을 셀 수 있는 명사와 셀 수 없는 명사로 알맞게 분류하시오.

eraser	dollar	Seoul	homework	child
furniture	tree	water	information	money

1 셀 수 있는 명사: _____

2 셀 수 없는 명사: _____

Voca
eraser
지우개
furniture
가구
information
정보

Voca
deer
사슴
salt
소금
friendship
우정
peach
복숭아

STEP 1 다음 중 명사의 종류가 나머지 넷과 다른 하나를 고르시오.

1 bridge   deer   mouse   school   peace   → _____

2 salt   Paris   bird   paper   Mr. Green   → _____

3 water   sugar   money   rice   classmate   → _____

4 advice   Korea   family   wood   friendship   → _____

5 rose   pen   peach   sand   cow   → _____

6 club   America   army   class   family   → _____

STEP 2 다음 괄호 안에서 알맞은 것을 고르시오.

1 I saw (tiger / a tiger) in the zoo.

2 She has (computer / a computer).

3 Jack gave her (rose / a rose).

4 We don't have (money / a money).

5 Jane drinks (milk / a milk) in the morning.

6 Mr. Kang made (furniture / a furniture) by himself.

7 I want to go to (Boston / a Boston) next vacation.

STEP 3 다음 밑줄 친 부분을 알맞게 고쳐 문장을 다시 쓰시오.

1 His grandparents live in a New York.

   → _____

2 Could you pass me the salts?

   → _____

3 Can you lend me some moneys?

   → _____

4 Tom bought nice car last month.

   → _____

Voca
capital
수도
continent
대륙

1   Emily는 영국에서 온 선생님이다. (a teacher, Emily, is, from England)

→ _____

2   서울은 한국의 수도이다. (the capital of, Korea, Seoul, is)

→ _____

3   우리의 우정은 오랫동안 지속될 것이다. (will, last, our friendship, a long time)

→ _____

4   아시아는 큰 대륙이다. (a, big, continent, Asia, is)

→ _____

5   신문은 많은 정보를 가지고 있다. (a lot of, information, newspapers, have)

→ _____

STEP 5 다음 주어진 조건에 따라 우리말에 맞게 영작하시오.

Voca
knowledge
지식
coin
동전

| 조건 | 1. 셀 수 있는 명사와 셀 수 없는 명사의 특성에 유의하여 쓸 것 |
| | 2. 괄호에 주어진 단어를 활용할 것 |

1   나의 삼촌은 고양이 한 마리를 가지고 있다. (my uncle)

→ _____

2   그는 오늘 많은 숙제가 있다. (a lot of, homework)

→ _____ today.

3   그녀는 한국사에 대한 많은 지식이 있다. (lots of, knowledge)

→ _____ about Korean history.

4   그들은 작년 4월에 이탈리아에 갔다. (go, Italy, in April)

→ _____

5   Robin은 어제 길에서 동전을 찾았다. (find, coin)

→ _____ on the street yesterday.

셀 수 있는 명사의 복수형

✎ 셀 수 있는 명사의 규칙 변화와 불규칙 변화

규칙변화	대부분의 명사	+ -s	flowers, desks, girls, pencils, rings, apples, cars ...
	-(s)s, -ch, -sh, -x, -o로 끝나는 명사	+ -es	buses, classes, dishes, churches, boxes, tomatoes ... *cf.* piano → pianos, photo → photos
	「자음+y」로 끝나는 명사	y → + -ies	baby → babies, lady → ladies, study → studies, city → cities ...
	「모음+y」로 끝나는 명사	+ -s	boys, keys, monkeys, toys ..
	-f(e)로 끝나는 명사	-f(e) → + -ves	leaf → leaves, wolf → wolves, wife → wives, knife → knives ... *cf.* roof → roofs, belief → beliefs
불규칙 변화		a man → men a mouse → mice a deer → deer	a woman → women a child → children a foot → feet a goose → geese a fish → fish a sheep → sheep

✎ 단어 자체에 복수의 뜻을 지닌 **집합 명사**: police, cattle

✎ **복수** 형태이지만 **단수** 취급하는 명사: 학문이름(physics, politics, economics), 국가이름(the Philippines, the United States of America), 기타(news, customs)

Answers - p.30

Check-up 다음 명사의 복수형을 쓰시오.

Voca
wolf
늑대
knife
칼
wife
아내

1 bag   → _____

2 apple   → _____

3 day   → _____

4 idea   → _____

5 desk   → _____

6 potato   → _____

7 bus   → _____

8 box   → _____

9 tomato   → _____

10 dish   → _____

11 baby   → _____

12 city   → _____

13 boy   → _____

14 key   → _____

15 monkey   → _____

16 toy   → _____

17 leaf   → _____

18 wolf   → _____

19 knife   → _____

20 wife   → _____

21 man   → _____

22 child   → _____

23 tooth   → _____

24 mouse   → _____

다음 괄호 안에 주어진 명사를 적절한 형태로 바꿔 문장을 완성하시오.

Voca
bench
벤치
bedroom
침실
careful
조심하는

1 There are three _____ in the park. (bench)

2 There are two _____ in the house. (bedroom)

3 Mr. and Mrs. Johnson have five _____. (child)

4 You should be careful with those _____. (knife)

5 My _____ hurt in these shoes. (foot)

STEP 2 다음 우리말과 같은 뜻이 되도록 보기에서 알맞은 단어를 골라 적절한 형태로 바꾸시오.

Voca
fall
떨어지다
forest
숲

보기	deer	story	leaf

1 나뭇잎 두 개가 바닥에 떨어졌다.

→ Two _____ fell on the floor.

2 많은 사슴들이 숲에 살고 있다.

→ Many _____ live in the forest.

3 할머니는 우리에게 많은 재미있는 이야기를 해 준다.

→ Our grandmother tells us many interesting _____.

STEP 3 다음 주어진 명사를 단수형과 복수형으로 바꿔 문장을 완성하시오.

1 나는 일주일에 한 권의 책을 읽고, 내 동생은 일주일에 두 권의 책을 읽는다. (book)

→ I read _____ _____ a week, and my sister reads _____ _____ a week.

2 나는 상자 하나가 필요하고, 내 친구는 상자 세 개가 필요하다. (box)

→ I need _____ _____, and my friend needs _____ _____.

3 Jane은 샌드위치를 한 개 먹었다. Max는 샌드위치를 두 개 먹었다. (sandwich)

→ Jane ate _____ _____. Max ate _____ _____.

4 Richard 씨는 의사이지만, 그의 형들은 의사가 아니다. (doctor)

→ Mr. Richard is _____ _____, but his brothers are not _____.

STEP 4 다음 우리말과 같은 뜻이 되도록 주어진 단어를 배열하시오.

1 두 명의 여자가 나란히 앉아 있었다. (women, two, were, sitting)

→ _____ next to each other.

2 우리는 해변에서 사진을 많이 찍었다. (photos, lots of, we, took)

→ _____ at the beach.

3 양들이 들판에서 풀을 뜯고 있다. (grass, are eating, sheep)

→ _____ in the field.

4 나는 일주일에 5일을 운동한다. (a week, I, five, days, exercise)

→ _____

5 할아버지 농장에는 거위가 열두 마리 있다. (geese, twelve, there are, on my grandfather's farm)

→ _____

STEP 5 다음 주어진 조건에 따라 우리말에 맞게 문장을 완성하시오.

조건	1. 셀 수 있는 명사의 복수형의 형태에 유의하여 쓸 것
	2. 괄호 안에 주어진 단어를 활용할 것

1 나는 차고에서 쥐 세 마리를 보았다. (see, mouse)

→ _____ in the garage.

2 Daisy는 집에 두 대의 피아노가 있다. (have, piano)

→ _____ in her house.

3 그 지붕들은 눈으로 덮여 있다. (roof, covered)

→ _____ with snow.

4 거위들은 겨울에 남쪽으로 날아간다. (goose, south)

→ _____ in the winter.

5 토마토 두 개가 바구니 안에 있다. (tomato, basket)

→ _____

셀 수 없는 명사의 수량 표현

✎ 셀 수 없는 명사는 단위나 용기를 이용하여 수량을 나타낸다.

조각	a piece of / two pieces of	paper, bread, cake, advice, cheese ...
병	a bottle of / two bottles of	water, wine, beer, juice, milk ...
잔 (찬 음료)	a glass of / two glasses of	water, juice, milk, beer ...
컵 (더운 음료)	a cup of / two cups of	tea, coffee, soup ...
얇은 조각	a slice of / two slices of	meat, bread, cheese, pizza ...
그릇	a bowl of / two bowls of	rice, soup, salad ...
덩어리	a loaf of / two loaves of	bread, meat ...
파운드 (무게 단위)	a pound of / two pounds of	sugar, meat, flour ...

✎ 두 개가 한 쌍으로 이루어진 명사는 수량을 나타낼 때 「a pair of + 복수명사」로 나타낸다.

a pair of + glasses, shoes, gloves, scissors, socks, pants...

Do you have **a pair of gloves**? 너는 장갑을 가지고 있니?

Answers - p.31

Check-up 1 다음 괄호 안에서 가장 알맞은 것을 고르시오.

1 She bought three (pieces / bottles) of juice.

2 I had a (bowl / slice) of chicken soup for dinner.

3 He gave me a (cup /cups) of coffee.

4 Tony ate two (loaf / loaves) of bread.

Check-up 2 다음 보기와 같이 셀 수 없는 명사의 복수형을 쓰시오.

보기	a cup of tea	→	two cups of tea

1 a pound of flour   → six _____

2 a glass of water   → three _____

3 a bottle of milk   → two _____

4 a piece of furniture   → eight _____

5 a bowl of rice   → four _____

Voca
rice
쌀
flour
밀가루; (곡물의) 가루

80

STEP 1 다음 밑줄 친 우리말과 같은 뜻이 되도록 보기에서 알맞은 단어를 골라 적절한 형태로 바꾸시오.

보기	cup	piece	bowl	slice

1 나는 종이 세 장이 필요하다.

→ I need _____ _____ _____ paper.

2 우리는 치즈 네 조각을 남겼다.

→ We left _____ _____ _____ cheese.

3 그녀는 오늘 아침에 커피를 두 잔 마셨다.

→ She drank _____ _____ _____ coffee this morning.

4 Mike는 아침 식사로 시리얼 한 그릇을 먹었다.

→ Mike had _____ _____ _____ cereal for breakfast.

STEP 2 다음 우리말과 같은 뜻이 되도록 주어진 단어를 이용하여 문장을 완성하시오.

1 나는 점심 때 피자 세 조각을 먹었다. (piece, pizza)

→ I had _____ _____ _____ _____ at lunch.

2 Sam은 저녁으로 밥을 두 공기 먹었다. (bowl, rice)

→ Sam ate _____ _____ _____ _____ for dinner.

3 그는 샌드위치에 햄을 두 장 넣었다. (slice, ham)

→ He put _____ _____ _____ _____ in the sandwich.

4 탁자 위에 물 다섯 잔이 있다. (glass, water)

→ There are _____ _____ _____ _____ on the table.

STEP 3 다음 밑줄 친 부분을 어법에 맞게 고쳐 쓰시오.

1 I ate two bowl of salad. → _____

2 We need three pound of sugar. → _____

3 Julie bought a new pair of shoe. → _____

4 Could you bring me a glass of waters? → _____

5 There are six piece of furniture in our room. → _____

다음 우리말과 같은 뜻이 되도록 주어진 단어를 배열하시오.

1 하루에 물을 2병 마셔라. (two, bottles of, drink, water)

→ _____ a day.

2 우리는 함께 빵 두 조각을 나눠 먹었다. (shared, two, bread, we, slices of)

→ _____ together.

3 그 아이는 운동 후에 우유 두 잔을 마신다. (drinks, glasses of, two, the kid, milk)

→ _____ after exercise.

4 한 잔의 오렌지 주스는 약 120 킬로 칼로리이다. (a glass of, is, orange juice, about 120 Kcal)

→ _____

5 우리는 케이크 세 조각을 먹었다. (pieces of, ate, cake, we, three)

→ _____

다음 주어진 조건에 따라 우리말에 맞게 문장을 완성하시오.

Voca
serve
제공하다, 차려주다
without
~없이

| 조건 | 1. 셀 수 없는 명사의 알맞은 수량 표현을 사용할 것 |
| | 2. 괄호 안에 주어진 단어를 활용할 것 |

1 그녀는 냉장고에서 물 세 병을 꺼냈다. (take, bottle)

→ _____ from the refrigerator.

2 나는 샌드위치를 만들기 위해 치즈 한 장이 필요하다. (need, slice, cheese)

→ _____ for my sandwiches.

3 그는 따뜻한 수프 두 그릇을 먹었다. (eat, bowl, warm soup)

→ _____

4 우리 엄마는 레모네이드 두 잔을 내오셨다. (serve, glass, lemonade)

→ _____

5 나는 도움 없이 다섯 점의 가구를 옮겼다. (move, piece, furniture)

→ _____ without help.

Unit 04 부정관사 a(n)와 정관사 the

🖉 부정관사 a(n)

❶ 부정관사의 바로 뒤에 오는 단어의 발음이 자음으로 시작하면 a, 모음(a, e, i, o, u)으로 시작하면 an을 쓴다.

Tips

1. 첫 글자가 모음이지만 자음으로 발음되는 단어 앞에는 a를 쓴다.
a university, a uniform

2. 첫 글자가 자음이지만 모음으로 발음되는 단어 앞에는 an을 쓴다.
an hour, an MP3

a+첫 발음이 **자음**인 단어	**a** week, **a** student, **a** year, **a** day ...
an+첫 발음이 **모음**인 단어	**an** apple, **an** umbrella, **an** artist ...

❷ 부정관사 a(n)은 셀 수 있는 명사의 단수형 앞에 쓴다.

쓰임	예문
막연한 하나 (= one)	She bought **a** pretty skirt yesterday. 그녀는 어제 예쁜 스커트를 샀다.
매 ~, ~마다 (= per, every)	I play soccer once **a** month. 나는 한 달에 한 번 축구를 한다.

🖉 정관사 the: 정관사 the는 셀 수 있는 명사와 셀 수 없는 명사 앞에 모두 쓸 수 있다.

쓰임	예문
이미 언급되었거나 알고 있는 것	He bought a car. **The** car is black. 그는 자동차를 샀다. 그 차는 검은색이다.
세상에 하나밖에 없는 것	**The** moon goes around **the** Earth. 달은 지구 주위를 돈다.
악기 이름 앞	He plays **the** drums every day. 그는 매일 드럼을 친다.
서수나 형용사의 최상급 앞	Erica lives on **the** fifth floor. Erica는 5층에 산다.

Answers - p.32

Check-up 1 다음 문장의 빈칸에 a나 an 중 알맞은 것을 써넣으시오.

Voca
soccer player
축구선수
build
(건물을) 짓다

1 He is _____ soccer player.

2 Do you have _____ good idea?

3 Rome was not built in _____ day.

4 Sam bought _____ umbrella.

5 Mrs. Moore is _____ English teacher.

Check-up 2 다음 문장의 빈칸에 정관사 the가 들어가야 하는 경우 the를 넣고, 아닐 경우 X를 써넣으시오.

Voca
shine
빛나다
kind
착한

1 She plays _____ cello every day.

2 _____ Sun shines in the sky.

3 I met a girl at the party. _____ girl was kind.

다음 밑줄 친 우리말에 맞도록 주어진 단어를 이용하여 빈칸을 채우시오.

1 Mark 씨는 <u>한 마디도</u> 하지 않았다. (word)

→ Mark didn't say _____ _____ .

2 우리는 <u>하루에</u> 아홉 시간을 일한다. (day)

→ We work nine hours _____ _____ .

3 <u>일 년은</u> 열두 달이다. (year)

→ There are twelve months in _____ _____ .

4 그녀는 <u>예쁜 드레스를</u> 입고 있다. (dress)

→ She is wearing _____ _____ _____ .

다음 우리말에 맞도록 주어진 단어를 이용하여 빈칸을 채우시오.

1 나는 햇빛을 받으며 앉아 있었다. (sunshine)

→ I sat in _____ _____ .

2 Mindy는 학교 축제에서 기타를 연주했다. (guitar)

→ Mindy played _____ _____ at the school festival.

3 잠시 창문을 열어도 될까요? (window)

→ May I open _____ _____ for a minute?

4 설탕을 건네주겠니? (sugar)

→ Can you pass me _____ _____ ?

다음 밑줄 친 부분에서 틀린 곳을 찾아 바르게 고쳐 쓰시오. (단, 맞는 것은 O표 할 것)

1 I don't wear <u>a uniform</u>. → _____

2 He is not <u>a honest</u> student. → _____

3 We will take <u>a exam</u> tomorrow. → _____

4 She can play <u>a piano</u>. → _____

5 Jack lives on <u>a third</u> floor. → _____

Voca
uniform
유니폼
honest
정직한
live
살다

84

다음 우리말과 같은 뜻이 되도록 주어진 단어를 배열하시오.

Voca
hill
언덕
symbol
상징

1 언덕 위에 낡은 집 한 채가 있다. (an, there, old house, is)

→ _____ on the hill.

2 너는 MP3 파일을 너의 컴퓨터에 내려 받을 수 있다. (an, can, you, MP3 file, download)

→ _____ to your computer.

3 나는 식당에 갔다. 그 식당은 정말 근사했다. (was, the, very nice, restaurant)

→ I went to a restaurant. _____

4 우리는 일주일에 한 번 외식을 한다. (we, for dinner, go out, once a week)

→ _____

5 자유의 여신상은 뉴욕의 상징이다. (is, symbol, the Statue of Liberty, of New York, a)

→ _____

STEP 5 다음 주어진 조건에 따라 우리말에 맞게 영작하시오.

Voca
ladybug
무당벌레
turn off
~을 끄다
practice
연습하다

| 조건 | 1. 관사(a, an, the)를 알맞게 이용하여 쓸 것 |
| | 2. 괄호에 주어진 단어를 활용할 것 |

1 그 소녀는 창문에서 무당벌레 한 마리를 보았다. (see, ladybug)

→ _____ on the window.

2 그들은 한 달에 한 번 도서관을 방문한다. (visit, library, month)

→ _____

3 기차가 한 시간 늦게 도착했다. (arrive, train, hour)

→ _____ late.

4 Nicole은 교복을 입고 학교에 간다. (wear, uniform)

→ _____ to school.

5 불을 좀 꺼줄래? (turn off, light)

→ Can you _____ ?

6 Sam은 매일 바이올린을 연습한다. (practice, violin)

→ _____ every day.

관사가 생략되는 경우	예문
운동 이름	I played **table tennis** with my brother. 나는 형과 탁구를 쳤다.
과목 이름	My favorite subject is **history**. 내가 좋아하는 과목은 역사이다.
식사	She had a sandwich for **breakfast**. 그녀는 아침 식사로 샌드위치를 먹었다.
언어	James can't speak **Korean**. James는 한국어를 못 한다.
by + 교통수단	We went to Busan **by train**. 우리는 기차로 부산에 갔다.
본래의 목적으로 사용된 건물이나 장소	**go to school** 공부하러 학교에 가다　　**go to bed** 잠자러 가다 **go to church** 예배 보러 교회에 가다　　**go to college** 대학에 다니다 I **go to church** on Sundays. 나는 일요일마다 교회에 간다. She **goes to college** in Chicago. 그녀는 시카고에서 대학에 다닌다. * 건물이나 장소가 본래의 목적으로 쓰이지 않는 경우에는 정관사 the를 붙인다. I went to the school to meet my friends. 나는 친구를 만나기 위해 학교에 갔다.

Answers - p.33

Check-up 다음 괄호 안에서 가장 알맞은 것을 고르시오. (단, X는 필요 없는 경우)

1 My sister and I play (the / X) badminton every Saturday.

2 He came here by (the / X) train.

3 Some people can't eat (the/ X) breakfast.

4 He is good at (the / X) math.

5 Would you open (the / X) window for me?

6 Mary played (the / X) guitar at the school festival.

7 I brush my teeth three times (a / X) day.

8 I sat in the sunshine and read (a / X) book.

9 Their history teacher is (an / X) honest man.

10 Do you speak (the / X) Japanese?

Voca
be good at ～
～을 잘하다
sunshine
햇빛, 햇살
honest
정직한

STEP 1 다음 빈칸에 a, an, the 중 알맞은 것을 쓰고, 필요 없는 경우에는 X표 하시오.

1 Brian goes to school by _____ bus.

2 Chris is good at _____ science.

3 She goes to _____ college in Canada.

4 I meet him once _____ week.

5 There is _____ old man on the bench.

6 We play _____ drums in our school band.

7 It's very cold. Would you close _____ door, please?

STEP 2 다음 밑줄 친 부분을 어법에 맞게 고쳐 쓰시오.

1 We play the tennis every Saturday.   → _____

2 My sister and I had a lunch an hour ago.   → _____

3 They couldn't see moon yesterday.   → _____

4 Mike came here by the subway.   → _____

5 I hope to study the French in college.   → _____

STEP 3 다음 우리말과 같은 뜻이 되도록 문장을 완성하시오.

1 그는 비행기를 타고 여기에 왔니?

   → Did he come here _____ _____ ?

2 나는 어젯밤 열한 시에 잠자리에 들었다.

   → I _____ _____ _____ at 11 last night.

3 Sam은 방과 후에 친구들과 농구를 한다. (basketball)

   → Sam _____ _____ with his friends after school.

4 나의 남동생은 월요일부터 금요일까지 학교에 다닌다.

   → My brother _____ _____ _____ from Monday to Friday.

STEP 4 다음 우리말과 같은 뜻이 되도록 주어진 단어를 배열하시오.

Voca
travel
여행하다
country
나라, 국가

1 내가 좋아하는 과목은 영어이다. (English, my, subject, favorite, is)

→ _____

2 그들은 방과 후에 축구를 한다. (after school, they, play, soccer)

→ _____

3 그 새로운 식당에서 점심을 먹자. (lunch, let's, have, at, the new restaurant)

→ _____

4 우리 아버지는 버스로 출근하신다. (goes, to work, by, my father, bus)

→ _____

5 그는 자전거를 타고 전국을 여행했다. (traveled, by, around, the country, he, bike)

→ _____

6 내 여동생은 한국어와 일본어를 한다. (Korean, Japanese, my sister, and, speaks)

→ _____

STEP 5 다음 주어진 조건에 따라 우리말에 맞게 영작하시오.

Voca
skip
거르다
the east coast
동해안

조건	1. 관사에 유의하여 쓸 것
	2. 괄호에 주어진 단어를 활용할 것

1 너는 아침을 거르지 말아야 한다. (should, skip, breakfast)

→ _____

2 나는 중국어를 잘하지 못한다. (speak, Chinese)

→ _____

3 나는 오늘 밤에 일찍 잠을 잘 거예요. (will, bed, early)

→ _____

4 우리는 기차를 타고 동해로 갔다. (the east coast)

→ _____

5 그 가족은 일요일마다 교회에 간다. (church, every)

→ _____

[1-3] 다음 괄호 안의 단어를 알맞게 변형하여 쓰시오.

1 There are three _____ on the desk. (pen)

2 There are two _____ in this town. (church)

3 He lost some _____ on his way home. (money)

[4-6] 다음 보기에서 알맞은 말을 골라 우리말과 같은 뜻이 되도록 문장을 완성하시오.

| 보기 | bottle | advice | bowl |

4 나의 할아버지는 내게 충고 한마디를 해주셨다.

→ My grandfather gave me _____

_____ _____ _____ .

5 저에게 물 두 병을 건네주세요.

→ Pass me _____ _____

_____ _____ .

6 그녀는 채소로 샐러드 세 그릇을 만들었다.

→ She made _____ _____

_____ _____ with vegetables.

7 다음 밑줄 친 부분을 어법에 맞게 고치시오.

① The company has many factorys in India.

② Children fed deers and rabbits at the zoo.

① _____

② _____

[8-9] 다음 빈칸에 공통으로 들어갈 알맞은 관사를 쓰시오.

8 · I walked my dog _____ hour ago.

· The store owner gave me _____ orange.

→ _____

9 · May I open _____ window for a minute?

· Tyler hates playing _____ trumpet.

→ _____

[10-11] 다음 글의 빈칸에 알맞은 관사를 쓰시오.

10 I live in _____ building in Seoul. It has a swimming pool and _____ underground parking lot with 300 parking spaces. _____ parking lot is really huge.

11 I like my friend, Jack. He is thirteen years old. He is very kind. He has _____ small nose, and big brown eyes. He likes _____ music. He can play _____ piano very well.

[12~14] 다음 우리말과 같은 뜻이 되도록 주어진 단어를 알맞게 배열하여 문장을 완성하시오.

12 나는 오늘 영어 수업이 있다.

(an, I, have, today, English class)

→ _____

13 그는 아기들의 사진을 많이 찍는다.

(many, of, babies, he, photos, takes)

→ _____

14 그녀는 나에게 한 달에 두 번 편지를 썼다.

(a letter, she, me, twice, a month, wrote)

→ _____

[15-18] 다음 우리말과 같은 뜻이 되도록 주어진 단어를 이용하여 문장을 완성하시오.

조건 1. 주어와 동사를 갖춘 완전한 문장으로 쓸 것
　　　 2. 동사의 시제에 유의하여 쓸 것

15 나는 큰 트럭을 가지고 있다. (have, truck)

→ _____

16 그 아이들은 그 동물원에서 캥거루들을 보았다.

(kid, see, kangaroo, zoo)

→ _____

17 그녀는 그 여행을 위해 양말 네 켤레를 챙겼다.

(pack, socks, trip)

→ _____

18 탁자 위에 있는 컵은 내 것이다. (table, mine)

→ _____

[19-20] 다음 대화를 읽고, 물음에 답하시오.

Tom	What do I need to bring for the test tomorrow?
Julia	Um, each (a) people needs ① 종이 두 장 and a pen.
Tom	What color pen do I need?
Julia	A black one.
Tom	Anything else?
Julia	You can have ② 물 한 병 during the test.
Tom	I see. Thank you.

19 다음 밑줄 친 (a)를 알맞은 형태로 고치시오.

(a) _____

20 다음 밑줄 친 우리말을 영어로 쓰시오.

조건 셀 수 없는 명사의 수량 표현에 유의하여 쓸 것

① _____

② _____

Chapter

5

대명사

도전만점! 중등내신 단답형&서술형

✎ 인칭대명사는 사람이나 사물을 가리키는 말이다.

구분	인칭	주격(~은 / 는 / 이 / 가)	소유격(~의)	목적격(~을 / 를)	소유대명사(~의 것)
단수	1	I	my	me	mine
	2	you	your	you	yours
	3	he	his	him	his
		she	her	her	hers
		it	its	it	-
복수	1	we	our	us	ours
	2	you	your	you	yours
	3	they	their	them	theirs

❶ 주격: 주어 역할을 한다.
She is my best friend. 그녀는 나의 가장 친한 친구이다.

❷ 소유격: 명사 앞에 쓰인다. 소유격 앞에는 a(n), the 등의 관사가 올 수 없다.
Our house is on the corner. 우리 집은 코너에 있다.

❸ 목적격: 목적어 역할을 한다.
Mr. Green teaches **us** math. Green 선생님께서는 우리에게 수학을 가르치신다.

❹ 소유대명사: 「소유격 + 명사」를 대신하는 말이다.
Those shoes are not **mine**(= my shoes). 저 신발들은 내 것이 아니다.

> **Tips**
> its(그것의)는 it의 소유격이고,
> it's(그것은 ~이다)는 it is를 줄인 말이다.

> **Tips**
> 고유명사(사람, 사물)의 소유격은
> 「고유명사 + 's」로 나타낸다.
> This is Jack's book. (= Jack's)
> 이것은 Jack의 책이다.

Answers - p.36

Check-up 다음 밑줄 친 부분에 유의하여 괄호 안에서 알맞은 것을 고르시오.

1   (We / Our / Us) <u>can</u> have some cookies.

2   (He / His / Him) <u>lecture</u> is not difficult.

3   I bought a nice car. (It / Its / It's) <u>color</u> is blue.

4   We don't know <u>about</u> (he / him / his).

5   Look at <u>those puppies</u>! (It / We / They) are so cute!

6   <u>Mary</u> is at home. (He / She / It) is doing her homework.

7   <u>My sunglasses</u> are new. I bought (it / him / them) last week.

8   Give <u>my notebook</u> back to me. I need (it / them / its) for the test.

Voca
lecture
강의, 강연
puppy
강아지
sunglasses
선글라스

STEP 1 다음 밑줄 친 부분을 알맞은 인칭대명사로 바꿔 쓰시오.

1 Eric is a good singer. → _____ is a good singer.

2 The store closes at midnight. → _____ closes at midnight.

3 Jake's friend is over 190cm tall. → _____ friend is over 190cm tall.

4 I didn't meet Brian and Mary last weekend. → I didn't meet _____ last weekend.

5 This book is not her book. → This book is not _____ .

STEP 2 다음 밑줄 친 우리말과 같은 뜻이 되도록 문장을 완성하시오.

1 그녀는 그리스에서 왔다.

→ _____ came from Greece.

2 저 초록색 집은 나의 것이다.

→ That green house is _____ .

3 우리를 파티에 초대해 줘서 고마워요.

→ Thank you for inviting _____ to the party.

4 그들은 한국에서 살고 있고, 그들의 아버지는 미국에서 살고 있다.

→ _____ live in Korea, and _____ father lives in the U.S.A.

STEP 3 다음 밑줄 친 부분에 유의하여 괄호 안에 주어진 대명사로 바꿔 문장을 다시 쓰시오.

1 Mary was looking for you. (I)

→ _____

2 She is excited about her new school life. (he)

→ _____

3 You are not in your bedroom. (we)

→ _____

4 I showed him some of my photos. (they)

→ _____

Voca
midnight 자정, 밤 열두시
over ~이 넘는

Voca
look for 찾다
school life 학교생활
photo 사진

STEP 4 다음 우리말과 같은 뜻이 되도록 주어진 단어를 배열하시오.

Voca
kitten
새끼 고양이
follow
따라가다

1 우리는 그들을 위해 스파게티를 만들었다. (spaghetti, for, them, we, made)

→ _____

2 그녀의 부모님은 나에게 매우 친절하다. (kind, to me, are, her, parents, very)

→ _____

3 우리 할머니는 나에게 옛날이야기를 해주신다. (me, my, grandmother, tells, old stories)

→ _____

4 그는 자신의 새 프로젝트에 대해 우리에게 말했다. (spoke, to us, about, his, he, new project)

→ _____

5 그 큰 과학 책은 제 것이에요. (is, the, science book, mine, big)

→ _____

6 그 아기 고양이는 항상 어미를 따라다닌다. (always, follows, the kitten, its, mother)

→ _____

STEP 5 다음 주어진 조건에 따라 우리말에 맞게 영작하시오.

Voca
be proud of
~을 자랑으로 여기다
advice
충고

조건	1. 알맞은 인칭대명사를 사용하여 쓸 것	2. 괄호에 주어진 단어를 활용할 것

1 우리는 반 친구이다. (classmate)

→ _____

2 그녀의 코치는 그녀를 자랑스러워한다. (be proud of, coach)

→ _____

3 나는 그를 매일 만난다. (see)

→ _____

4 우리는 너의 조언이 필요하다. (need, advice)

→ _____

5 이 지저분한 운동화는 그의 것이다. (these, sneakers)

→ _____

비인칭 주어 it: 시간, 날짜, 요일, 날씨, 계절, 거리, 명암 등을 나타낼 때 주어로 쓴다.

시간	**It's 7:30.** 7시 30분이에요.
날짜	**It's November 24th.** 11월 24일이에요.
요일	**It's Thursday.** 목요일이에요.
날씨	**It's cloudy and windy.** 흐리고 바람이 불어요.
거리	**It is about 400km from Seoul to Busan.** 서울에서 부산까지의 거리는 약 400km이다.
명암	**It is quite dark in this room.** 이 방은 꽤 어두워요.

비인칭 주어 it   vs.   인칭대명사 it

비인칭 주어 **it** (해석하지 않음)	인칭대명사 **it** (그것)
It is already 10:15. 벌써 10시 15분이다.	**It is my lunchbox.** 그것은 내 점심 도시락이다.
It is Tuesday. 화요일이다.	**It is a funny story.** 그것은 재미있는 이야기이다.
It is humid in summer. 여름에는 습하다.	**It is a video game.** 그것은 비디오 게임이다.

Answers - p.37

Check-up 1 다음 밑줄 친 it과 쓰임이 같은 것을 보기에서 골라 쓰시오.

| 보기 | a. <u>It</u> was sunny yesterday. | b. She has <u>it</u> in her pocket. |

1   <u>It</u> rained in the night.   → _____
2   <u>It</u> takes five minutes on foot.   → _____
3   <u>It</u>'s over 50 miles from here to Seoul.   → _____
4   <u>It</u> is a huge dolphin.   → _____
5   Is <u>it</u> your new jacket?   → _____

Voca
pocket
주머니
huge
거대한
dolphin
돌고래

Check-up 2 다음 질문에 알맞은 대답을 보기에서 골라 쓰시오.

| 보기 | a. It was Wednesday. | b. It is about three kilometers. | c. It's 6:30. |

1   What time is it now?   → _____
2   What day was it yesterday?   → _____
3   How far is it from your house to the bank?   → _____

Voca
far
먼

다음 문장을 밑줄 친 it에 유의하여 우리말로 해석하시오.

Voca
painting
그림
striped
줄무늬가 있는

1   It's rainy all day long.   → _____

2   It was December 25th yesterday.   → _____

3   It is a beautiful painting.   → _____

4   It is my brother's striped shirt.   → _____

STEP 2 다음 주어진 단어와 비인칭 주어 it을 이용하여 대화를 완성하시오.

1   A   What time is it now? (8:10)

    B   _____

2   A   What date is it today? (October 3rd)

    B   _____

3   A   What day is it today? (Friday)

    B   _____

4   A   What is the weather like today? (cold)

    B   _____

STEP 3 다음 우리말과 같은 뜻이 되도록 비인칭 주어 it을 이용하여 문장을 완성하시오.

Voca
from A to B
A에서 B까지
city hall
시청

1   지금 열한 시예요. (11 o'clock)

    → _____ _____ _____ _____ now.

2   오늘은 3월 13일이야. (March 13th)

    → _____ _____ _____ _____ today.

3   어제는 내 생일이었다. (my birthday)

    → _____ _____ _____ yesterday.

4   여기서 시청까지는 약 20분 정도 걸린다. (take, about, 20 minutes)

    → _____ _____ _____ _____ _____ from here

    to the city hall.

다음 우리말과 같은 뜻이 되도록 주어진 단어를 배열하시오.

Voca
windy
바람이 많이 부는
bright
밝은

1 한국은 지금 겨울이다. (winter, it's, in Korea)

→ _____ now.

2 오늘은 밖에 바람이 분다. (it's, outside, windy)

→ _____ today.

3 오늘은 1월 19일이다. (it's, January 19th)

→ _____ today.

4 밖이 여전히 밝다. (bright, it, is, still)

→ _____ outside.

5 여기에서 학교까지는 약 30분 정도 걸릴 것이다. (will, take, it, about, 30 minutes)

→ _____ from here to the school.

STEP 5 다음 주어진 조건에 따라 우리말에 맞게 문장을 완성하시오.

Voca
on foot
도보로
dark
어두운

조건	1. 비인칭 주어 it을 사용하여 쓸 것	2. 괄호 안에 주어진 단어를 활용할 것

1 지금은 9시이다. (9 o'clock)

→ _____

2 오늘은 목요일이다. (Thursday)

→ _____

3 오늘은 그녀의 생일이다. (today)

→ _____

4 걸어서 약 10분 정도 걸린다. (take, on foot)

→ _____

5 오후 6시 정도면 어두워진다. (get, dark)

→ _____ at around 6 p.m.

6 오늘 오후에는 눈이 올 것이다 (be going to, snow)

→ _____ this afternoon.

지시대명사

✐ 지시대명사 this[these]와 that[those]: 특정한 사람이나 사물을 가리키는 대명사

	가까이 있는 대상	멀리 있는 대상
단수	this 이것 / 이 사람	that 저것 / 저 사람
복수	these 이것들 / 이 사람들	those 저것들 / 저 사람들

· **This** is my brother, Jack. 이 사람은 내 남동생 Jack이다.

· **These** are her stamps. 이것들은 그녀의 우표들이다.

✐ 지시대명사가 있는 의문문

지시대명사가 있는 의문문은 Yes나 No로 대답한다.

this[that]로 물어볼 때는 it으로, these[those]로 물어볼 때는 they로 받는다.

A **Is this** your puppy? 이것은 네 강아지니?

B **Yes, it is. / No, it isn't.** 응, 내 강아지야. / 아니, 내 강아지가 아니야.

> **Tips**
>
> 지시형용사 this[these]와 that[those]
> : 명사 앞에서 명사를 수식
>
> **This** textbook is hers.
> 이 교과서는 그녀의 것이다.
>
> * 지시형용사를 사용하는 경우, 관사를 함께 사용하지 못한다.
> (X) ~~a this~~ textbook
> (O) **a** textbook
> (O) **this** textbook

Answers - p.38

Check-up 1 다음 괄호 안에서 알맞은 것을 고르시오.

1 (This / These) is my sister, Cathy.

2 I bought (this / these) new glasses yesterday.

3 (That / Those) is my favorite doll.

4 (That / Those) children are my students.

> **Voca**
> doll
> 인형
> children
> 아이들

Check-up 2 다음 우리말과 같은 뜻이 되도록 빈칸에 알맞은 지시대명사를 넣으시오.

1 이것은 내 책가방이다.

→ _____ is my schoolbag.

2 저것은 그녀의 교과서이다.

→ _____ is her textbook.

3 이것들은 블루베리 머핀이다.

→ _____ are blueberry muffins.

4 저분들은 나의 선생님들이다.

→ _____ are my teachers.

Voco
salty
짠, 짭짤한
on sale
할인 중인
north
북쪽으로

STEP 1 다음 보기에서 알맞은 것을 골라 대화를 완성하시오.

보기	this	these

1 A Are _____ your pets?　　B Yes, they are.

2 A Does _____ taste good?　　B No, it doesn't. It's too salty.

3 A Are _____ computers on sale?　　B Yes, they are.

보기	that	those

4 A Is _____ Wendy's car?　　B No, it isn't. It is her brother's.

5 A Did Jack bring _____ toys?　　B Yes, he did.

6 A Look at _____ birds in the sky.　　B They are moving north.

STEP 2 다음 대화의 빈칸을 채우시오.

Voco
butterfly
나비
ladybug
무당벌레
scarf
스카프, 목도리

1 A Is that a butterfly?

   B No, _____ _____. It is a ladybug.

2 A Is this your father's car?

   B Yes, _____ _____. He bought it last week.

3 A Are those scarves your mother's?

   B Yes, _____ _____.

STEP 3 다음 우리말과 같은 뜻이 되도록 주어진 단어를 이용하여 문장을 완성하시오.

1 그는 저 남자를 잘 알고 있다. (man)

　→ He knows _____ _____ well.

2 이 소녀는 우리 이웃이다. (girl)

　→ _____ _____ is our neighbor.

3 저 배낭들은 우리의 것이 아니다. (backpack)

　→ _____ _____ are not ours.

4 이 책들은 내가 가장 좋아하는 소설책이다. (book)

　→ _____ _____ are my favorite novels.

STEP 4 다음 우리말과 같은 뜻이 되도록 주어진 단어를 배열하시오.

Voca
perfume
향수
waiting room
대기실
on sale
할인 판매 중

1 저 향수는 냄새가 너무 진하다. (smells, that, perfume, too strong)

→ _____

2 대기실에 있는 저 사람들을 봐. (in the waiting room, those, people, look, at)

→ _____

3 이것들은 할인 판매 중인가요? (on sale, are, these)

→ _____

4 저는 이 초콜릿 케이크로 할게요. (will, this, chocolate cake, I, have)

→ _____

5 이 양말들은 싸다. (are, these, socks, cheap)

→ _____

6 저 가방들은 무거워 보인다. (look, those, bags, heavy)

→ _____

STEP 5 다음 주어진 조건에 따라 우리말에 맞게 문장을 완성하시오.

Voca
public place
공공장소
free
무료의
tight
꽉 조이는

조건	1. 알맞은 지시대명사, 지시형용사를 사용할 것	2. 단수, 복수에 주의할 것

1 여기는 공공장소이다. (public place)

→ _____

2 이것들은 모두 공짜입니다. (free)

→ _____

3 이 바지는 너무 끼어요. (pants, tight)

→ _____

4 이분들은 나의 조부모님이시다. (grandparent)

→ _____

5 저 영화들은 인기가 있다. (popular)

→ _____

6 저것들은 단풍나무이다. (maple tree)

→ _____

Unit 04 부정대명사 one, another, other

✎ **one**: 앞서 언급한 명사와 같은 종류의 불특정한 하나를 나타낼 때, one을 쓴다. 복수일 경우 ones를 쓴다.

one 하나(불특정)	My car is too old. I want a new **one**. (one = a car) 내 차는 너무 오래됐다. 나는 새것을 원한다.
	Let's go shopping for some shoes. I'll buy red **ones**. (ones = shoes) 신발을 사러 가자. 나는 빨간 것을 살 것이다.
it 하나(특정)	Is this your pen? Can I borrow **it**? (it = this pen) 이 펜은 너의 것이니? 잠시 빌려도 될까?

✎ **another**: '하나 더', '또 다른 하나'라는 의미로, 같은 종류의 다른 하나를 나타낼 때 쓴다.

This towel is very dirty. Please give me **another**. 이 수건은 매우 더러워요. 다른 것을 주세요.

✎ **other**: '다른'이라는 의미로, 아래와 같이 다양하게 쓰인다.

one ~, the other ··· (둘 중에서) 하나 ~, 나머지 하나 ···	I bought two skirts. **One** is short, and **the other** is long. 나는 치마 두 개를 샀다. 하나는 짧고, 나머지 하나는 길다.
one ~, the others ··· (여러 개 중) 하나 ~, 나머지 모두···	My father has four suits. **One** is clean, and **the others** are at the dry cleaner's. 아버지께서는 네 벌의 양복을 갖고 계신다. 한 벌은 깨끗하고, 나머지(세 벌)는 세탁소에 있다.
one ~, another ···, the other ~ (세 개 중) 하나 ~, 또 다른 하나 ···, 나머지 하나~	I have three sweaters. **One** is white, **another** is black, and **the other** is pink. 나는 세 개의 스웨터를 갖고 있다. 하나는 흰색이고, 또 다른 하나는 검은색이고, 나머지 하나는 분홍색이다.
some ~, others ··· (전체 중) 일부 ~, 다른 일부 ···	**Some** students like English. **Others**[other students] like math. 어떤 학생들은 영어를 좋아한다. 다른 학생들은 수학을 좋아한다. (영어도 수학도 좋아하지 않는 학생이 있을 수 있다.)

Answers - p.39

Check-up 다음 괄호 안에서 알맞은 것을 고르시오.

1 This subway is full. Let's wait for the next (one / it).

2 My shoes are too old. I want new (ones / them).

3 You'd better change your dirty clothes for clean (one / ones).

4 Would you like (another / other) glass of water?

5 I have two computers. (One / Another) is a laptop, and the other is a desktop.

6 My uncle has two jobs. One is a doctor, and (another / the other) is a photographer.

7 I made three cakes. One is for my parents, (another / the other) is for my grandparents, and the other is for my teacher.

8 Some suits have two buttons. (The other / Others) have three buttons.

Voca

laptop
휴대용 노트북
desktop
사무용 컴퓨터
photographer
사진사
suit
양복

Voca

rotten
썩은

fresh
신선한

STEP 1 다음 밑줄 친 부분에 유의하여 우리말에 맞도록 알맞은 부정대명사를 써서 빈칸을 채우시오.

1 나는 가방을 잃어버렸어요. 새것을 하나 사야 해요.

→ I lost my bag. I need to buy a new _____.

2 그녀는 스마트폰이 없다. 그녀는 하나를 곧 살 것이다.

→ She doesn't have a smart phone. She'll buy _____ soon.

3 Sarah는 안경을 잃어버렸다. 그래서 새것이 필요하다.

→ Sarah lost her glasses. She needs new _____.

4 이 사과들은 썩었어요. 싱싱한 것으로 주세요.

→ These apples are rotten. Give me fresh _____.

STEP 2 다음 우리말에 맞도록 알맞은 부정대명사를 써서 빈칸을 채우시오.

1 Julie는 콜라 한 캔을 마셨다. 그러고 나서, 그녀는 한 캔을 더 마셨다.

→ Julie drank a can of Coke. Then, she drank _____.

2 이 디자인이 마음에 안 들어요. 다른 것을 보여 줄래요?

→ I don't like this design. Can you show me _____?

3 숟가락을 떨어뜨렸어요. 다른 것으로 주세요.

→ I dropped the spoon. Please give me _____ one.

4 차 한 잔 더 드시겠어요?

→ Would you like _____ cup of tea?

STEP 3 다음 밑줄 친 우리말에 맞도록 빈칸을 채우시오.

1 그녀는 다섯 켤레의 양말을 샀다. 두 개는 흰색이었고, 나머지는 모두 회색이었다.

→ She bought five pairs of socks. Two were white, and _____ were gray.

2 나는 두 가지 색깔을 좋아한다. 하나는 분홍색이고, 나머지 하나는 파란색이다.

→ I like two different colors. _____ is pink, and _____ is blue.

3 그는 강아지 세 마리를 가지고 있다. 하나는 흰색, 또 다른 하나는 갈색, 나머지 하나는 검은색이다.

→ He has three puppies. _____ is white, _____ is brown, and _____ is black.

STEP 4 다음 우리말과 같은 뜻이 되도록 주어진 단어를 배열하시오.

1 이 치마는 너무 길어. 너는 더 짧은 것을 가지고 있니? (a shorter one, do, you, have)

→ This skirt is too long. _____

2 이 재킷은 나에게 너무 작아요. 다른 것을 주세요. (another, give, me)

→ This jacket is too small for me. Please _____ .

3 이 파이는 맛있네요. 한 조각 더 먹을게요. (another, piece, I'll, have)

→ This pie is delicious. _____

4 어떤 사람들은 재즈를 좋아하고, 또 다른 사람들은 록 음악을 좋아한다.
   (like, jazz, some, and, like, others, rock music)

→ _____

5 그는 세 개의 펜이 있다. 하나는 검정색이고, 또 다른 하나는 빨간색이고, 나머지 하나는 녹색이다.
   (one, another, the other, is black, is red, and, is green)

→ He has three pens. _____

STEP 5 다음 주어진 조건에 따라 우리말에 맞게 영작하시오.

Voca
necklace
목걸이
worn out
닳아서 못 쓰게 된

조건	1. 알맞은 부정대명사를 사용하여 쓸 것　　2. 괄호에 주어진 단어를 사용할 것

1 Emma는 예쁜 목걸이를 하고 있다. 나는 비슷한 것을 원한다. (similar, one)

→ Emma is wearing a pretty necklace. _____

2 내 가방이 닳아서 못 쓴다. 나는 새 가방을 하나 살 예정이다. (be going to, one)

→ My bag is worn out. _____

3 이 치마가 마음에 들지 않아요. 다른 것을 보여 줄래요? (can, show, another)

→ I don't like this skirt. _____

4 나는 모자 두 개를 샀다. 하나는 파란색이고, 또 다른 하나는 검정색이다. (one, the other, blue, black)

→ I bought two caps. _____

5 그는 도넛을 다섯 개 샀다. 하나는 그의 친구의 것이고, 나머지는 여동생들의 것이다. (one, the others, for)

→ He bought five donuts. _____

부정대명사 all, both, each, every

❶ all (모든 사람, 모든): 단독으로 쓰이거나 명사를 수식

all+불특정명사 all (of)+특정명사[the / 소유격+명사]	**All** students are afraid of tests. 모든 학생들은 시험을 두려워한다. **All** (of) my money was stolen. 내 모든 돈을 도난 당했다.

* all의 수의 일치는 of 뒤에 나오는 명사에 따른다.

❷ both (둘 다, 양쪽 다): 단독으로 쓰이거나 복수명사를 수식

both+복수동사 both (of)+복수명사+복수동사	**Both** are good to me. 저에게는 둘 다 괜찮아요. **Both** (of) my parents like musicals. 나의 부모님 둘 다 뮤지컬을 좋아한다.

❸ each (각각, 각자): 단독으로 쓰이거나 단수명사를 수식

each+단수명사+단수동사 each of+복수명사+단수동사	**Each** country has its own flag. 각각의 나라들은 국기를 가지고 있다. **Each** of them has his/her own opinion. 그들은 각자 자신만의 의견을 가지고 있다.

❹ every (모든): 단독으로 쓰일 수 없고, 단수명사를 수식

every+단수명사+단수동사	**Every** student has to wear a uniform. 모든 학생들은 교복을 입어야 한다.

Answers - p.40

Check-up 다음 괄호 안에서 가장 알맞은 것을 고르시오.

1 All of us (is / are) hard workers.

2 Both her children (is / are) girls.

3 Each country (has / have) its own customs.

4 Every (child / children) has to go to school.

5 All of the (student / students) should not be late for class.

6 (All / Each) of my answers were wrong.

7 (Both / Each) of the questions were very difficult.

8 (All / Every) scene in this movie is beautiful.

Voca
worker
근로자
custom
관습, 풍습
scene
장면

Voca
go through
겪다
slump
슬럼프, 부진
name tag
이름표

STEP 1 다음 우리말과 같은 뜻이 되도록 주어진 동사를 활용하여 빈칸에 알맞은 말을 쓰시오.

1 우리 반의 학생 모두는 Jackson 선생님을 좋아한다. (like)

→ All the students in my class _____ Mr. Jackson.

2 두 방 모두 우리에게는 충분히 크다. (be)

→ Both rooms _____ big enough for us.

3 모든 선수들은 슬럼프를 겪는다. (go through)

→ Every player _____ _____ a slump.

4 각 학생들은 이름표를 달아야 한다. (have to)

→ Each student _____ _____ wear a name tag.

STEP 2 다음 우리말과 같은 뜻이 되도록 주어진 말을 활용하여 빈칸에 알맞은 말을 쓰시오.

1 그들은 모두 13살이다. (all)

→ _____ _____ _____ are 13 years old.

2 그들 둘 다 회의에 갈 것이다. (both)

→ _____ _____ _____ are going to the meeting.

3 우리는 각각 다른 색을 좋아한다. (each)

→ _____ _____ _____ likes a different color.

4 모든 침실에 개인 욕실이 있다. (every)

→ _____ _____ has its own private bathroom.

STEP 3 다음 밑줄 친 부분을 어법에 맞게 고쳐 쓰시오.

Voca
player
선수
do one's best
최선을 다하다
own
자신의

1 All of the person in our town are kind. → _____

2 All the player have to do their best. → _____

3 Both of my sisters wants a new pair of shoes. → _____

4 Every boy in my school like games. → _____

5 Every student call him Mr. Puzzler. → _____

6 Each of them have his or her own desk and chair. → _____

Voca
member
구성원
talent
재능
twice
두 번

STEP 4 다음 우리말과 같은 뜻이 되도록 주어진 단어를 배열하시오.

1 그들 둘 다 의사이다. (are, both of, doctors, them)

→ _____

2 각 팀에는 6명의 구성원이 있다. (six, there are, on each team, members)

→ _____

3 각각의 학생들은 각양각색의 재능을 가지고 있다. (has, each of, the students, a different talent)

→ _____

4 Erica는 매달 캠핑을 간다. (goes, camping, Erica, every month)

→ _____

5 모든 학생들은 일 년에 두 번씩 시험을 본다. (is tested, every, student, twice a year)

→ _____

STEP 5 다음 주어진 조건에 따라 우리말에 맞게 영작하시오.

조건	1. 알맞은 부정대명사를 사용하여 쓸 것　　2. 괄호에 주어진 단어를 활용하여 쓸 것

1 우리 모두는 같은 학교에 다닌다. (us, the same school)

→ _____

2 그녀의 모든 학생이 스키 타는 법을 배울 것이다. (all, be going to, learn)

→ _____ how to ski.

3 저에게는 둘 다 괜찮아요. (both, fine)

→ _____ with me.

4 그들 둘 다 11살이다. (both, eleven years old)

→ _____

5 나는 일요일마다 교회에 간다. (every, go to church)

→ _____

6 우리는 각자 다른 의견을 가지고 있다. (each, different idea)

→ _____

[1-3] 다음 밑줄 친 부분을 인칭대명사로 바꿔 문장을 다시 쓰시오.

1

Mike is from Chicago.

→ _____

2

She visited Alex and me in Seoul.

→ _____

3

This is Jane's car.

→ _____

[4-7] 다음 보기에서 알맞은 단어를 골라 우리말과 같은 뜻이 되도록 문장을 완성하시오.

보기	all	both	every	each

4 모든 방이 비어 있다.

→ _____ room is empty.

5 그때 Mark와 나는 둘 다 집에 있었다.

→ _____ Mark and I were at home then.

6 저 선반에 있는 모든 책들은 영어에 관한 것이다.

→ _____ the books on that shelf are about English.

7 각 학생들은 자신의 사물함을 가지고 있다.

→ _____ of the students has his or her own locker.

8 다음 문장의 밑줄 친 부분을 괄호 안에 주어진 대명사로 바꿔 문장을 다시 쓰시오.

I live with my grandmother. (he)

→ _____

[9-10] 다음 밑줄 친 부분을 어법에 맞게 고치시오.

9

Those red car is mine.

→ _____

10

This beautiful flowers smell wonderful.

→ _____

[11-12] 다음 두 문장이 같은 뜻이 되도록 빈칸에 알맞은 말을 쓰시오.

11

This is a brand-new computer.

→ _____ _____ is brand-new.

12

Those books are really interesting.

→ _____ _____ really interesting books.

[13-16] 다음 우리말과 같은 뜻이 되도록 빈칸에 알맞은 말을 쓰시오.

조건   알맞은 부정대명사를 쓸 것

13 나는 자전거를 가지고 있지 않다. 나는 자전거 한 대를
    사고 싶다.

    → I don't have my own bike. I want to buy

    _____.

14 그는 두 개의 악기를 가지고 있다. 하나는 기타이고, 다른
    하나는 우쿨렐레이다.

    → He has two musical instruments.

    _____ is a guitar, and

    _____ is a ukulele.

15 가게에 많은 가방이 있다. 일부는 값이 싸고, 일부는 비싸다.

    → There are many bags in the shop.

    _____ are cheap, and

    _____ are expensive.

16 Jane은 펜 3개를 가지고 있다. 하나는 검은색, 또 다른
    하나는 빨간색, 나머지 하나는 파란색이다.

    → Jane has three pens. _____

    is black, _____ is red, and

    _____ is blue.

[17-20] 다음 그림을 보고, 조건에 맞게 대화를 완성하시오.

조건 1. 비인칭 주어 it을 사용하여 쓸 것
      2. 축약형으로 쓸 것

17 A What time is it now?
    B _____

18 A What's the date today?
    B _____

19 A What day is it today?
    B _____

20 A How's the weather today?
    B _____

Chapter

6

여러 가지 문장

도전만점! 중등내신 단답형＆서술형

Unit 01 의문사 의문문 (1): who, whose, what, which

✎ 의문사가 있는 의문문은 일반 의문문의 어순에 의문사가 문장 앞으로 나간 형태를 가진다.

be동사가 있는 문장	의문사+**be동사**+주어 ~?
조동사가 있는 문장	의문사+**조동사**+주어+동사원형 ~?
일반동사가 있는 문장	의문사+**do/does/did**+주어+동사원형 ~?

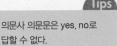

Tips
의문사 의문문은 yes, no로 답할 수 없다.

who	누가	A **Who** is he? 그는 누구니? B He is my brother. 그는 우리 오빠야.
whose	누구의 (것)	A **Whose** is this watch? 이 시계는 누구의 것이니? B It is Tom's. 그것은 Tom의 것이야.
what	무엇 (막연한 범위)	A **What** should I make for dinner? 저녁으로 무엇을 만드는 것이 좋을까? B You should make steak. 스테이크를 만드는 것이 좋겠어.
which	어떤 것[사람] (정해진 범위)	A **Which** do you like better, this or that? 너는 어떤 것이 좋니, 이것 아니면 저것? B I like this one better. 나는 이것이 더 좋아.

Tips
의문 형용사
what / which / whose + 명사

What time is it?
몇 시니?

Which color do you like, red or blue?
너는 빨간색과 파란색 중 어느 것을 좋아하니?

Whose book is that?
저것은 누구의 책이니?

✎ 의문사가 주어인 문장은 평서문과 어순이 동일하다. 단, 의문사 주어는 3인칭 단수 취급한다.

Who has a pen? 누가 펜을 가지고 있니? (X) Who ~~have~~ a pen?

Answers - p.42

Check-up 밑줄 친 부분에 유의하여 적절한 의문사를 고르시오.

1 A (Whose / Who) is she?

   B She is my English teacher.

2 A (Whose/ Who) likes rock music?

   B Tom does.

3 A (Whose / Who) is this book?

   B It's mine.

4 A (Who / What) is your name?

   B My name is John.

5 A (What / Who) is your favorite subject?

   B Music is my favorite subject.

6 A (Which / What) do you like better, red or blue?

   B I like blue better.

Voca
subject
학과, 과목
better
더 나은

다음 우리말의 밑줄 친 부분에 유의하여 빈칸에 알맞은 의문사를 넣으시오.

Voca
choose
선택하다
be interested in
~에 관심이 있다

1 저 소녀는 <u>누구</u>니? → _____ is that girl?

2 저는 <u>누구를</u> 선택해야 하나요? → _____ should I choose?

3 이것은 <u>누구의</u> 공책이니? → _____ notebook is this?

4 이 휴대폰은 <u>누구의 것</u>이니? → _____ is this cell phone?

5 지난밤에 <u>무엇을</u> 했니? → _____ did you do last night?

6 너의 아버지는 <u>무엇을</u> 하시니? → _____ does your father do?

7 당신은 <u>어떤</u> 스포츠에 관심이 있어요? → _____ sport are you interested in?

다음 밑줄 친 부분에 유의하여 적절한 의문사를 넣어서 각 대화문을 완성하시오.

Voca
tablet PC
태블릿 PC
wallet
지갑

1 A _____ is this?

   B It is <u>a tablet PC</u>.

2 A _____ do you want, pizza or pasta?

   B I want <u>pasta</u>.

3 A _____ likes cookies?

   B <u>Tim</u> does.

4 A _____ is this wallet?

   B It is <u>Mary's</u>.

다음 빈칸에 알맞은 말을 넣어 대화를 완성하시오.

1 A _____ _____ that man?

   B He is our math teacher.

2 A _____ _____ your favorite food?

   B My favorite food is bibimbab.

3 A _____ _____ those shoes?

   B They are mine.

다음 우리말과 같은 뜻이 되도록 주어진 단어를 배열하여 문장을 완성하시오.

1 당신은 누구세요? (are, who, you)

   → _____

2 이것은 누구의 것이니? (is, this, whose)

   → _____

3 저것은 누구의 안경이니? (are, whose, glasses, those)

   → _____

4 당신은 그림에서 무엇이 보이나요? (see, do, what, you, in the picture)

   → _____

5 당신은 어떤 게임을 할 건가요? (you, will, which, game, play)

   → _____

6 이것과 저것 중 어떤 것이 당신 것인가요? (is, which, yours, or, this, that)

   → _____

STEP 5 다음 주어진 조건에 따라 우리말에 맞게 영작하시오.

Voca
dictionary
사전
animal
동물

조건	1. 알맞은 의문사를 사용하여 쓸 것	2. 괄호에 주어진 단어를 활용하여 쓸 것

1 누가 사전을 가지고 있나요? (who, have, a dictionary)

   → _____

2 저들은 누구의 자녀들인가요? (whose children)

   → _____

3 당신이 가장 좋아하는 동물은 무엇인가요? (what, favorite)

   → _____

4 당신은 어떤 스포츠를 할 수 있어요? (what sport, play)

   → _____

5 당신은 이것과 저것 중 어떤 그림을 좋아하나요? (which picture, this one, that one)

   → _____

Unit 02 의문사 의문문 (2): when, where, why, how

when, where, why, how

when	언제 (때, 시간)	A **When** is your birthday? 당신의 생일은 언제입니까? B It's September 1st. 9월 1일이에요.
where	어디서 (장소)	A **Where** is my pencil? 제 연필은 어디에 있나요? B It's on the table. 탁자 위에 있어요.
why	왜 (이유)	A **Why** do you like cats? 당신은 왜 고양이를 좋아하나요? B Because they are very cute. 고양이는 아주 귀엽기 때문이에요.
how	어떻게 (방법, 상태)	A **How** do you go to school? 당신은 어떻게 학교에 가나요? B I go to school by bus. 저는 버스를 타고 학교에 가요. A **How**'s your mother? 어머니는 어떠시니? B She is fine. 어머니는 괜찮으세요.

Answers - p.43

Check-up 1 다음 우리말의 밑줄 친 부분에 유의하여 괄호 안에서 가장 알맞은 것을 고르시오.

1 가게는 언제 문을 여나요?   (When / Where) does the store open?

2 내 가방은 어디에 있니?   (When / Where) is my bag?

3 당신은 왜 여기에 있어요?   (Why / How) are you here?

4 날씨는 어때요?   (Why / How) is the weather?

Check-up 2 다음 밑줄 친 부분에 유의하여 알맞은 의문사를 골라 대화를 완성하시오.

Voca
downtown
시내
subway
지하철

1 A (When / Where) does the game start?

   B It starts at 6:30 p.m.

2 A (When / Where) is my new hat?

   B It's on the sofa.

3 A (Where / Why) do you live here?

   B Because my family is here.

4 A (How / Why) do you go downtown?

   B I go downtown by subway.

STEP 1 when, where 중 알맞은 의문사를 써서 대화문을 완성하시오.

Voca
strawberry
딸기
refrigerator
냉장고

1 A _____ do you live?   B I live in Seoul.

2 A _____ is the festival?   B It's next week.

3 A _____ is your father?   B He is in the garden.

4 A _____ will you leave?   B I'll leave tomorrow.

5 A _____ are the strawberries?   B They are in the refrigerator.

STEP 2 why, how 중 알맞은 의문사를 써서 대화문을 완성하시오.

Voca
convenient
편리한
fine
좋은, 훌륭한

1 A _____ is your new teacher?   B She is funny.

2 A _____ are you crying?   B Because the movie is sad.

3 A _____ can I get there?   B You can get there by bus.

4 A _____ do you use emails?   B Because they are convenient.

5 A _____ are you today?   B I'm fine.

STEP 3 다음 괄호에 주어진 말과 알맞은 의문사를 이용하여 대화문을 완성하시오.

Voca
select
선택하다
turn on
~을 켜다
press
누르다

1 A _____ Brazil? (is)

   B Brazil is in South America.

2 A _____ you go to church? (do)

   B I go to church on Sunday.

3 A _____ I select him? (should)

   B Because he'll be a good member.

4 A _____ you feel today? (do)

   B I feel great.

5 A _____ I turn on the TV? (can)

   B Press this button.

다음 우리말과 같은 뜻이 되도록 주어진 단어를 배열하여 문장을 완성하시오.

Voca
comma
쉼표
good sleep
숙면

1 쉼표는 언제 사용하나요? (you, do, when, use a comma)

→ _____

2 그는 어디로 가고 있는 중이에요? (he, is, where, going)

→ _____

3 우리에게 숙면이 필요한 이유는 무엇인가요? (do, why, need, we, good sleep)

→ _____

4 제가 당신을 어떻게 도와 드릴까요? (help, may, how, I, you)

→ _____

5 제가 그를 언제 만날 수 있나요? (see, can, when, I, him)

→ _____

STEP 5 다음 주어진 조건에 따라 우리말에 맞게 영작하시오.

Voca
wedding
결혼식
carrot
당근
spell
철자를 쓰다

조건	1. 알맞은 의문사를 사용하여 쓸 것	2. 괄호에 주어진 단어를 활용하여 쓸 것

1 그녀의 결혼식은 언제인가요? (when, her wedding)

→ _____

2 제가 은행을 어디에서 찾을 수 있어요? (where, can, find, a bank)

→ _____

3 제가 왜 당근을 먹어야 하나요? (why, should, eat, carrots)

→ _____

4 당신은 그것을 어떻게 알고 있어요? (how, know, that)

→ _____

5 당신은 어디 출신이에요? (where, from)

→ _____

6 당신의 이름은 어떻게 쓰나요? (how, spell, your name)

→ _____

의문사 의문문 (3): how + 형용사 / 부사

✎ 「how + 형용사 / 부사」: 얼마나 ~한

how old 나이	A **How old** is he? 그는 몇 살인가요? B He is <u>ten years old</u>. 그는 10살입니다.
how tall 키	A **How tall** are you? 당신의 키는 몇 인가요? B I am <u>160 centimeters tall</u>. 저는 160센티미터에요.
how many(+ 복수명사) 개수	A **How many pens** do you have? 당신은 펜이 얼마나 많이 있어요? B I have <u>4 pens</u>. 저는 펜이 4개 있어요.
how much(+ 불가산명사) 가격, 양	A **How much** is this? 이것은 얼마인가요? B It is <u>10 dollars</u>. 그것은 10달러예요.
how often 빈도	A **How often** do you watch movies? 당신은 영화를 얼마나 자주 보나요? B I watch movies <u>every weekend</u>. 나는 매 주말마다 영화를 봐요.
how long 시간, 길이	A **How long** does it take from here to Busan? 여기에서 부산까지 가는 데 얼마나 걸려요? B It takes <u>5 hours</u>. 다섯 시간 걸려요.

Answers - p.45

Check-up 다음 괄호 안에서 가장 알맞은 것을 고르시오.

Voca
flour
밀가루
exercise
운동하다

1 당신은 몇 살인가요? → (How old / How much) are you?

2 Jane의 키는 얼마인가요? → (How tall / How long) is Jane?

3 펜이 몇 개 필요하세요? → (How many / How much) pens do you need?

4 그녀는 밀가루가 얼마나 필요한가요? → (How many / How much) flour does she need?

5 이 재킷은 얼마인가요? → (How many / How much) is this jacket?

6 당신은 얼마나 자주 운동하나요? → (How often / How much) do you exercise?

7 여기서 거기까지 가는 데 얼마나 걸려요? → (How long / How old) does it take from here to there?

How old, How long, How tall 중 알맞은 것을 써서 대화문을 완성하시오.

1 A _____ is your brother?

   B He is 13 years old.

2 A _____ is the bridge?

   B It is 150 meters long.

3 A _____ are you?

   B I'm 170 centimeters tall.

STEP 2 How many나 How much 중 알맞은 것을 써서 대화문을 완성하시오.

1 A _____ people are there in the room?

   B There are four people in the room.

2 A _____ water do you need?

   B I need 10 liters.

3 A _____ is this computer?

   B It is 1,000 dollars.

4 A _____ children does she have?

   B She has three children.

STEP 3 다음 괄호에 주어진 말을 이용하여 대화문을 완성하시오.

Voca
brush teeth
이를 닦다
wash hair
머리를 감다

1 A _____ (how often, read)

   B I read every day.

2 A _____ (how often, go shopping)

   B I go shopping every weekend.

3 A _____ (how often, brush one's teeth)

   B You should brush your teeth three times a day.

4 A _____ (how often, wash one's hair)

   B He washes his hair every day.

STEP 4 다음 우리말과 같은 뜻이 되도록 주어진 단어를 배열하여 문장을 완성하시오.

1 당신의 할머니의 연세는 어떻게 되시나요? (is, how old, your grandmother)

→ _____

2 여기에서 서울까지 가려면 얼마나 걸리나요? (take, does, how long, it, from here, to Seoul)

→ _____

3 너의 여동생은 키가 몇이니? (your sister, is, how tall)

→ _____

4 교실에 몇 명의 학생이 있나요? (there, are, how many, students, in the classroom)

→ _____

5 당신은 돈이 얼마나 있나요? (you, do, how much, money, have)

→ _____

6 당신은 얼마나 자주 옷을 사나요? (do, how often, buy, you, clothes)

→ _____

STEP 5 다음 주어진 조건에 따라 우리말에 맞게 영작하시오.

Voca
castle
성
river
강

조건	1. how + 형용사 / 부사를 사용하여 쓸 것 2. 괄호에 주어진 단어를 활용하여 쓸 것

1 저 성은 얼마나 오래 되었나요? (how old, that castle)

→ _____

2 그 강은 얼마나 길어요? (how long, the river)

→ _____

3 러시아는 얼마나 큰가요? (how big, Russia)

→ _____

4 당신은 여자 형제가 몇 명이 있나요? (how many, sisters, have)

→ _____

5 이 우산은 가격이 얼마예요? (how much, this umbrella)

→ _____

명령문

명령문은 상대방에게 명령, 지시, 요청 등을 할 때 쓰며, 주어 you가 생략된 형태를 띤다.

긍정 명령문	**Open** the door. 문을 열어라.
	Be quiet. 조용히 해라.
부정 명령문	**Don't go** out. 밖에 나가지 마라.
	Don't be late. 지각하지 마라.

Tips

명령문의 앞이나 뒤에 please를 붙이면 보다 공손한 표현이 된다.
Open the door, please.
문 좀 열어주세요.

명령문, and / or ~

| 「명령문, and ~」 …해라, 그러면 ~할 것이다 | **Study** hard, **and** you'll pass the exam. (= **If** you study hard, you'll pass the exam.) 열심히 공부해라. 그러면 당신은 시험에 통과할 것이다. |
| 「명령문, or ~」 …해라, 그렇지 않으면 ~할 것이다 | **Study** hard, **or** you'll fail the exam. (= **If** you **don't** study hard, you'll fail the exam.) 열심히 공부해라. 그렇지 않으면 당신은 시험에 떨어질 것이다. |

Answers - p.46

Check-up 1 다음 우리말과 일치하도록 다음 괄호 안에서 알맞은 것을 고르시오.

1 창문을 닫아라. → (Close / Closed) the window.

2 조심해라. → (Do / Be) careful.

3 재미있게 놀아라. → (Have / Having) fun.

4 정직해라. → (To be / Be) honest.

5 아무에게도 이것을 말하지 마라. → (Don't tell / Not tell) anyone about this.

6 뛰어다니지 마라. → (Don't run / Don't running) around.

7 슬퍼하지 마라. → (Don't be / Be not) sad.

Voca
honest 정직한
have fun 재미있게 놀다

Check-up 2 다음 빈칸에 and나 or 를 골라 문맥에 맞게 쓰시오.

1 a. Study hard, _____ you will get good grades.

  b. Study hard, _____ you will get poor grades.

2 a. Be nice to others, _____ you'll make lots of friends.

  b. Be nice to others, _____ you won't make friends.

Voca
grade 성적
poor 좋지 못한

STEP 1 다음 괄호에 주어진 단어를 이용하여 명령문을 완성하시오.

> 조건   1~3번은 긍정명령문으로, 4~6번은 부정명령문으로 쓸 것

1 _____ a seat belt. (wear)

2 _____ off your cell phones. (turn)

3 _____ nice to your sister. (be)

4 _____ the door. (open)

5 _____ the painting. (touch)

6 _____ afraid. (be)

Voca
catch
잡다
miss
놓치다
rule
규칙
in trouble
곤경에 처한

STEP 2 다음 괄호에 주어진 말을 이용하여 문맥에 맞게 「명령문, and / or ~」 형식의 문장을 완성하시오.

1 (hurry up)   a. _____ , _____ you will catch the train.

              b. _____ , _____ you will miss the train.

2 (follow)   a. _____ the rules, _____ you'll be all right.

             b. _____ the rules, _____ you'll be in trouble.

3 (practice)   a. _____ hard, _____ you will win.

               b. _____ hard, _____ you will lose.

Voca
succeed
성공하다
fail
실패하다
forgive
용서하다

STEP 3 다음 주어진 문장과 의미가 통하도록 if를 이용한 문장으로 완성하시오.

1 Do your best, and you will succeed.

   = _____ you _____ your best, you _____ _____ .

2 Do your best, or you'll fail.

   = _____ you _____ _____ your best, you _____ _____ .

3 Tell the truth, and I will forgive you.

   = _____ you _____ the truth, I _____ _____ you.

4 Tell the truth, or I won't forgive you.

   = _____ you _____ _____ the truth, I _____ _____ you.

STEP 4 다음 우리말과 같은 뜻이 되도록 주어진 단어를 배열하여 문장을 완성하시오.

Voca
mean
못된, 심술궂은
hurry up
서둘러 하다

1 식사 맛있게 하세요. (your, meal, enjoy)

→ _____

2 책을 펴세요. (your, books, open)

→ _____

3 교실을 나가지 마라. (leave, do, not, the classroom)

→ _____

4 못되게 굴지 마라. (be, don't, mean)

→ _____

5 안전벨트를 매면 당신은 안전할 거예요. (and, be fine, your seatbelt, wear, you'll)

→ _____

6 서두르지 않으면, 너는 늦을 것이다. (if, you'll, don't, hurry up, you, be late)

→ _____

STEP 5 다음 주어진 조건에 따라 우리말에 맞게 영작하시오.

Voca
brave
용감한
gain weight
무게가 늘다

조건	1. 명령문을 사용하여 쓸 것	2. 괄호에 주어진 단어를 활용하여 쓸 것

1 용감해져라. (brave)

→ _____

2 도서관에서는 조용히 하세요. (quiet, in the library)

→ _____

3 여기서 수영하지 마시오. (not, swim, here)

→ _____

4 매일 운동해라. 그렇지 않으면 몸무게가 늘 것이다. (exercise, every day, gain weight)

→ _____

5 지하철을 타면 시간에 맞춰 그곳에 도착할 거예요. (take, the subway, be there, on time)

→ _____

제안문

🖊 제안문은 상대방에게 어떤 행동을 하거나 하지 말라고 권유하거나 제안하는 문장이다.

Let's＋동사원형	～하자	**Let's take** a break. 잠시 쉽시다.
Let's＋not＋동사원형	～하지 말자	**Let's not go** outside. 밖에 나가지 말자.

🖊 제안을 하는 다양한 표현들

Let's ～ ～하자	**Let's meet** at 2. 두 시에 만나자.
＝ Why don't we ～? ～하는 게 어때?	＝ **Why don't we meet** at 2? 두 시에 만나는 게 어때?
＝ How[What] about －ing? ～하는 게 어때?	＝ **How[What] about meeting** at 2? 두 시에 만나는 게 어때?
＝ Shall we ～? ～할까요?	＝ **Shall we meet** at 2? 두 시에 만날까요?

Answers - p.47

Check-up 1 다음 괄호 안에서 가장 알맞은 것을 고르시오.

1 Let's (eating / eat) something.

2 Let's (not meet / meet not) at the bookstore.

3 Why don't we (to have / have) some tea?

4 How about (eating / to eat) out for dinner?

5 What about (going / to go) shopping?

6 Shall we (cleaned / clean) the classroom?

Voca
bookstore
서점
tea
차
eat out
외식하다

Check-up 2 다음 괄호에 주어진 말을 이용하여 우리말에 맞게 문장을 완성하시오.

1 지금 나가지 말자. (leave) → Let's ＿＿＿＿＿＿ ＿＿＿＿＿＿ now.

2 여기서 먹지 말자. (eat) → Let's ＿＿＿＿＿＿ ＿＿＿＿＿＿ here.

3 오늘은 축구를 하지 말자. (play) → Let's ＿＿＿＿＿＿ ＿＿＿＿＿＿ soccer today.

4 그것에 대해 말하지 말자. (talk) → Let's ＿＿＿＿＿＿ ＿＿＿＿＿＿ about it.

5 이 방에 들어가지 말자. (enter) → Let's ＿＿＿＿＿＿ ＿＿＿＿＿＿ this room.

6 여기서 사진 찍지 말자. (take) → Let's ＿＿＿＿＿＿ ＿＿＿＿＿＿ pictures here.

다음 괄호에 주어진 말을 이용하여 Let's를 이용한 긍정 제안문을 완성하시오.

1 숙제하자. (do)   _____ _____ our homework.

2 간식을 좀 먹자. (have)   _____ _____ some snacks.

3 Tim의 집에 가자. (go)   _____ _____ to Tim's house.

4 같이 농구하자. (play)   _____ _____ basketball together.

5 점심 먹자. (have)   _____ _____ lunch.

6 택시 타자. (take)   _____ _____ a taxi.

7 우리 솔직해지자. (be)   _____ _____ honest.

STEP 2 다음 괄호에 주어진 말을 이용하여 Let's를 이용한 부정 제안문을 완성하시오.

Voca
worry
걱정하다
do the laundry
세탁을 하다

1 _____ _____ _____ this movie. (watch)

2 _____ _____ _____ time. (waste)

3 _____ _____ _____ here too long. (stay)

4 _____ _____ _____ too much about it. (worry)

5 _____ _____ there. (go)

6 _____ _____ the bus. (take)

7 _____ _____ the laundry. (do)

STEP 3 다음 문장을 괄호에 주어진 표현을 이용하여 뜻이 같은 문장이 되도록 쓰시오.

Voca
order
주문하다
fruit
과일

1 Let's meet at Tom's house. (Shall we ~?)

   → _____

2 Let's order a pizza. (How about ~-ing?)

   → _____

3 Let's buy some fruit. (Why don't we ~?)

   → _____

다음 우리말과 같은 뜻이 되도록 주어진 단어를 배열하여 문장을 완성하시오.

Voca
museum
박물관
go skiing
스키 타러 가다

1   도서관에서 공부하자. (study, in the library, let's)

→ _____

2   저녁은 나가서 먹자. (eat out, let's, for dinner)

→ _____

3   식사는 준비하지 말자. (let's, cook, not, meals)

→ _____

4   박물관에 가는 것이 어때? (go, why, don't we, to the museum)

→ _____

5   내일 스키 타러 가는 것이 어때? (going, skiing, how about, tomorrow)

→ _____

6   주스 마실까? (some juice, we, shall, have)

→ _____

STEP 5   다음 주어진 조건에 따라 우리말에 맞게 영작하시오.

Voca
have lunch
점심을 먹다
have a meeting
회의를 열다

조건	1. 알맞은 제안문을 만들 것	2. 괄호에 주어진 단어를 활용하여 쓸 것

1   그에게 물어보자. (let, ask)

→ _____

2   지금 나가지 말자. (let, go out)

→ _____

3   우리 지금 점심을 먹는 것이 어떠니? (why don't we, have)

→ _____

4   우리 회의를 여는 것이 어떠니? (how about, have, a meeting)

→ _____

5   우리 지금 게임을 시작할까? (shall, start, the game)

→ _____

Unit 06 부가의문문

부가의문문은 상대방에게 동의를 구하거나 확인하기 위한 의문문으로, 문장 뒤에 「동사＋주어」를 덧붙인다.

❶ be동사, 조동사의 부가의문문

긍정문	Lisa **is** your sister, **isn't** she? Lisa는 네 언니지 그렇지 않니?
	He **can** swim, **can't** he? 그는 수영할 수 있어, 그렇지 않니?
부정문	The movie **isn't** fun, **is** it? 그 영화는 재미있지 않아, 그렇지?
	She **won't** leave, **will** she? 그녀는 떠나지 않을 거야, 그렇지?

Tips

부가의문문 만드는 법
① 앞부분이 긍정이면 부정으로, 부정이면 긍정으로 바꿈
  ex. is → isn't / can't → can
② be동사, 조동사는 그대로, 일반동사는 do, does, did를 사용
  ex. You like them, don't you?
    Ben likes her, doesn't he?
    He liked her, didn't he?
    He will meet her, won't he?
③ 주어는 대명사를 사용
④ 부가의문문은 축약형을 사용

❷ 일반동사의 부가의문문

긍정문	She **left** early, **didn't** she? 그녀는 일찍 떠났지, 그렇지 않니?
부정문	Tom **doesn't like** fish, **does** he? Tom은 생선을 좋아하지 않아, 그렇지?

부가의문문의 응답: 질문에 대한 대답이 긍정이면 yes로, 부정이면 no로 답한다.

A They are at home, aren't they? 그들은 집에 있지, 그렇지 않니?
B **Yes**, they **are**. / **No**, they **aren't**. 응, 집에 있어. / 아니, 집에 있지 않아.

Answers - p.48

Check-up 다음 밑줄 친 부분에 유의하여 괄호 안에서 가장 알맞은 것을 고르시오.

Voca
French
프랑스어
vegetable
야채, 채소

1 It is Tuesday, (isn't it / is it)?

2 They are great singers, (aren't they / are they)?

3 He isn't your English teacher, (isn't he / is he)?

4 They are not here, (are they / aren't they)?

5 You can play the guitar, (can't you / don't you)?

6 Edward can speak Korean, (can't he / doesn't he)?

7 She can't speak French, (can she / isn't she)?

8 Paul wears glasses, (doesn't he / isn't he)?

9 You like meat, (don't you / can't you)?

10 She doesn't like vegetables, (does she / doesn't she)?

STEP 1 다음 빈칸에 알맞은 말을 넣어 부가의문문을 완성하시오.

1 They are very angry, _____ ?

2 Tom wasn't at the party, _____ ?

3 He is your uncle, _____ ?

4 It isn't cold outside, _____ ?

5 They will stay in Seoul, _____ ?

6 You can't eat pork, _____ ?

7 She won't invite Tim, _____ ?

8 We should leave soon, _____ ?

STEP 2 다음 빈칸에 알맞은 말을 넣어 부가의문문을 완성하시오.

1 You like hamburgers, _____ ?

2 Peter doesn't eat breakfast, _____ ?

3 They went on a field trip, _____ ?

4 He doesn't like blue, _____ ?

5 Your brother likes meat, _____ ?

STEP 3 다음 괄호에 주어진 말을 참고하여 질문에 대한 대답을 완성하시오. (Yes / No를 쓸 것)

1 A He is English, isn't he?

   B _____ , he _____ . (영국인이 아님)

2 A Ms. Kim has two children, doesn't she?

   B _____ , she _____ . (아이가 2명 있음)

3 A You didn't order pizza, did you?

   B _____ , I _____ . (주문하지 않았음)

4 A John can't play the guitar, can he?

   B _____ , he _____ . (연주할 수 있음)

STEP 4 다음 우리말과 같은 뜻이 되도록 주어진 단어를 배열하여 문장을 완성하시오.

1 그는 천재야, 그렇지 않니? (a genius, are, he, isn't he)

   → _____

2 Lisa는 너의 언니가 아니야, 그렇지? (isn't, Lisa, your sister, is she)

   → _____

3 그들은 곧 도착할 거야, 그렇지 않니? (will, they, soon, arrive, won't they)

   → _____

4 Helen은 바이올린을 연주할 수 없어, 그렇지? (the violin, can't play, Helen, can she)

   → _____

5 Jack은 우산이 있어, 그렇지 않니? (an umbrella, Jack, has, doesn't he)

   → _____

6 너는 숙제를 안 했어, 그렇지? (you, your homework, didn't do, did you)

   → _____

STEP 5 다음 주어진 조건에 따라 우리말에 맞게 영작하시오.

조건	1. 알맞은 부가의문문을 쓸 것	2. 괄호에 주어진 단어를 활용하여 쓸 것

1 그녀는 당신의 수학 선생님이에요, 그렇지 않나요? (your math teacher)

   → _____

2 그들은 지금 집에 없어요, 그렇지요? (not, at home)

   → _____

3 당신은 수영을 매우 잘 할 수 있어요, 그렇지 않아요? (can, swim, very well)

   → _____

4 Eric은 다시는 늦지 않을 거예요, 그렇죠? (won't, be late, again)

   → _____

5 그들은 지난밤에 콘서트에 갔어요, 그렇지 않나요? (go to a concert, last night)

   → _____

6 김 선생님은 노래하는 것을 좋아하지 않아요, 그렇죠? (Mr. Kim, not, like, singing)

   → _____

감탄문

감탄문은 기쁨이나 슬픔, 놀라움 등의 감정을 표현하는 문장이다.

What + (a / an) + 형용사 + 명사(+ 주어 + 동사)!	How + 형용사 / 부사(+ 주어 + 동사)!
· **What** a tall building (that is)! 저것은 정말 높은 빌딩이구나! (← That is a very tall building.) · **What** smart students (they are)! 그들은 정말 똑똑한 학생들이구나! (← They are very smart students.)	· **How** kind (he is)! 그는 정말 친절하구나! (← He is very kind.) · **How** fast (she runs)! 그녀는 정말 빨리 달리는구나! (← She runs very fast.)

Answers - p.50

Check-up 다음 괄호 안에서 가장 알맞은 것을 고르시오.

Voca

expensive
비싼
strange
이상한
bathroom
화장실

1 (What / How) a nice day it is!

2 (What / How) a nice car that is!

3 (What / How) expensive shoes they are!

4 (What / How) strange weather it is!

5 (What / How) good ideas you have!

6 (What / How) a funny story it is!

7 (What / How) a beautiful picture this is!

8 (What / How) clean the bathroom is!

9 (What / How) beautiful the castle is!

10 (What / How) kind you are!

11 (What / How) fast he runs!

12 (What / How) hard they work!

13 (What / How) tall that model is!

14 (What / How) delicious this cake is!

다음 괄호에 주어진 말을 배열하여 what을 이용한 감탄문을 완성하시오.

Voca
cute
귀여운
mountain
산

1 _____ this is! (what, dog, small, a)

2 _____ you are! (smart, a, what, person)

3 _____ it was! (delicious, what, food)

4 _____ they are! (babies, cute, what)

5 _____ they are! (mountains, high, what)

STEP 2 다음 괄호에 주어진 말을 이용하여 how를 이용한 감탄문을 완성하시오.

1 그 책은 정말 무겁구나! (heavy)

→ _____ _____ the book is!

2 그들은 키가 정말 크네요! (tall)

→ _____ _____ they are!

3 나는 얼마나 어리석은가! (stupid)

→ _____ _____ I am!

4 당신은 요리를 정말 잘 하네요! (well)

→ _____ _____ you cook!

STEP 3 다음 문장을 괄호에 주어진 단어를 이용하여 감탄문으로 다시 쓰시오.

Voca
idea
생각
exciting
신나는

1 It is a very good idea. (what)

→ _____

2 The game is very exciting. (how)

→ _____

3 He is a very funny man. (what)

→ _____

4 You sing very beautifully. (how)

→ _____

STEP 4 다음 우리말과 같은 뜻이 되도록 주어진 단어를 배열하여 문장을 완성하시오.

1 그 이야기는 정말 이상하구나! (a, what, story, it, strange, is)

→ _____

2 그 영화는 얼마나 지루했던지! (the film, boring, how, was)

→ _____

3 그 소년은 정말 재미있구나! (funny, what, he, a, boy, is)

→ _____

4 당신의 정원은 정말 아름답네요! (your garden, beautiful, how, is)

→ _____

5 그녀는 정말 아름다운 눈을 가지고 있구나! (she, what, eyes, beautiful, has)

→ _____

6 교통 흐름이 얼마나 느리던지! (the traffic, slow, how, was)

→ _____

STEP 5 다음 주어진 조건에 따라 우리말에 맞게 영작하시오.

조건	1. 알맞은 감탄문을 만들 것	2. 괄호에 주어진 단어를 활용하여 쓸 것

1 그녀는 정말 놀라운 여자야! (what, amazing, woman)

→ _____

2 당신은 정말 행복해 보이네요! (how, happy, look)

→ _____

3 이것은 정말 맛있는 수프야! (what, delicious, soup, this is)

→ _____

4 이 문제는 정말 어렵구나! (how, difficult, this problem)

→ _____

5 그것들은 정말 큰 동물이구나! (what, big, animals)

→ _____

6 당신은 정말 열심히 공부하네요! (how, hard, study)

→ _____

도전! 만점! 중등 내신 단답형 & 서술형

[1-3] 다음 빈칸에 알맞은 의문사를 넣어 대화문을 완성하시오.

1
A _____ is your father?

B He is 50 years old.

2
A _____ is this textbook?

B It's mine.

3
A _____ do you go to the mall?

B I go there by subway.

[4-6] 다음 문장에서 어법에 맞지 <u>않는</u> 부분을 고쳐 쓰시오.

4
Your father teaches math, does he?

_____ → _____

5
What scary that bear is!

_____ → _____

6
Get up early, and you will miss the train.

_____ → _____

[7-10] 다음 대화문을 부가의문문과 대답 형식으로 완성하시오.

조건 대답은 괄호 안의 내용을 참고하여 Yes / No를 이용하여 쓸 것

7
A Brian invited Susie to his party, _____
_____ ?

B _____ , he _____ . (초대했음)

8
A You will come tomorrow, _____
_____ ?

B _____ , I _____ . (내일 오지 않음)

9
A You are not Nancy's brother, _____
_____ ?

B _____ , I _____ . (Nancy의 오빠임)

10
A She doesn't like her new job, _____
_____ ?

B _____ , she _____ . (좋아하지 않음)

[11-14] 다음 우리말과 같은 뜻이 되도록 괄호에 주어진 말을 이용하여 문장을 완성하시오.

11 누가 학교 근처에 사니?
(live, near the school)

→ _____

12 당신은 언제 TV를 시청하나요? (watch TV)

→ _____

13 거기에 가지 말자. (let, there)

→ _____

14 놀라지 마라. (not, surprised)

→ _____

[15-16] 다음 괄호에 주어진 말을 활용하여 주어진 문장과 같은 의미의 문장을 완성하시오.

15 Let's eat spaghetti for dinner. (how about -ing)

= _____

16 Turn left at the corner, and you'll find the bank.(if)

= _____

[17-18] 다음 우리말과 같은 뜻이 되도록 괄호에 주어진 단어를 배열하여 문장을 완성하시오.

17 설탕 좀 건네주세요.
(me, pass, please, the sugar)

→ _____

18 이것은 정말 아름다운 꽃이구나!
(a, what, flower, beautiful, this, is)

→ _____

[19-20] 다음 주어진 그림을 보고 괄호에 주어진 말을 이용하여 부정 명령문을 완성하시오.

19 (turn left)

→ _____

20 (use, cell phones)

→ _____

132

통문장 암기 훈련 워크북

Unit 01 be동사의 현재형

※ 다음 우리말을 주어진 말을 이용하여 조건에 맞춰 영어로 옮기시오.

조건	1. be동사의 현재형으로 쓸 것	2. 축약 가능한 경우, 축약형으로 쓸 것

1 나는 매일 학교에 지각한다. (late for)

→ _____

2 몇몇의 사과가 탁자 위에 있다. (some, table)

→ _____

3 나는 중학생이다. (middle, student)

→ _____

4 그것은 흥미로운 책이다. (interesting)

→ _____

5 그들은 수학을 잘한다. (be good at)

→ _____

6 그녀는 미술관에 있다. (art gallery)

→ _____

7 그는 배가 고프고 목이 마르다. (hungry, thirsty)

→ _____

8 우리는 지금 극장에 있다. (theater)

→ _____

9 너는 창의적이다. (creative)

→ _____

10 그들은 학교에서 인기가 많다. (at school)

→ _____

Chapter 1

Unit 02 be동사의 부정문

※ 다음 우리말을 주어진 말을 이용하여 조건에 맞춰 영어로 옮기시오.

조건	1. be동사 현재형의 부정문으로 쓸 것	2. 축약이 가능한 경우, 축약형으로 쓸 것

1 나는 미국인이 아니다. (American)

→ _____

2 그녀는 나의 선생님이 아니다. (teacher)

→ _____

3 그 개는 배가 부르지 않다. (full)

→ _____

4 그것들은 더럽지 않다. (dirty)

→ _____

5 오늘 매우 춥지 않다. (very, cold)

→ _____

6 그는 내가 가장 좋아하는 무용수가 아니다. (favorite, dancer)

→ _____

7 그녀는 거실에 없다. (living room)

→ _____

8 그 책들은 책상 위에 있지 않다. (desk)

→ _____

9 너는 그의 남동생이 아니다. (brother)

→ _____

10 그들은 우체국 안에 있지 않다. (post office)

→ _____

Unit 03 be동사의 의문문

※ 다음 우리말을 주어진 말을 이용하여 조건에 맞춰 영어로 옮기시오.

| 조건 | 1. be동사 현재형의 의문문으로 쓸 것 | 2. 주어 동사의 순서에 유의할 것 |

1 영어가 너에게 어렵니? (English, difficult)

→ _____

2 너의 부모님께서는 건강하시니? (parent, healthy)

→ _____

3 그는 파리에서 왔니? (from, Paris)

→ _____

4 당신들은 영어 선생님입니까? (teacher)

→ _____

5 고양이들은 좋은 반려동물이니? (good, companion)

→ _____

6 그들은 그 야구 동아리의 회원이니? (member, club)

→ _____

7 저 과자는 맛있나요? (snack, delicious)

→ _____

8 저 가방들은 비싼가요? (bags, expensive)

→ _____

9 제가 너무 어린가요? (too, young)

→ _____

10 그들은 좋은 이웃인가요? (good, neighbor)

→ _____

Chapter 1

Unit 04 일반동사의 현재형

※ 다음 우리말을 주어진 말을 이용하여 조건에 맞춰 영어로 옮기시오.

조건	1. 일반동사의 현재형으로 쓸 것	2. 주어의 인칭과 수에 유의할 것

1 그들은 일본어를 매우 잘 말한다. (Japanese, very)

→ _____

2 Harry는 좋은 컴퓨터를 가지고 있다. (nice, computer)

→ _____

3 나는 나의 차를 세차하고 그는 자신의 차를 세차한다. (car, and)

→ _____

4 Minji와 나는 집에서 공부하지만, Jisu는 도서관에서 공부한다. (home, library)

→ _____

5 우리는 8시에 학교로 출발한다. (leave for)

→ _____

6 Doris와 Jessy는 호주에서 산다. (live, Australia)

→ _____

7 Nancy는 저녁 먹기 전에 숙제를 한다. (homework, before)

→ _____

8 Ted는 쇼핑몰에서 운동화를 산다. (sneakers, mall)

→ _____

9 우리 엄마는 매일 아침 6시에 일어나신다. (get up, every)

→ _____

10 우리는 아침마다 해변에서 산책을 한다. (take a walk, on the beach)

→ _____

Unit 05 일반동사의 부정문

※ 다음 우리말을 주어진 말을 이용하여 조건에 맞춰 영어로 옮기시오.

조건	1. 일반동사 현재형의 부정문으로 쓸 것	2. 주어의 인칭과 수에 유의하여 쓸 것
	3. 축약이 가능한 경우, 축약형으로 쓸 것	

1 Sally와 나는 쌍둥이 자매처럼 안 보인다. (like, twin)

→ _____

2 그녀는 TV에서 스포츠를 보지 않는다. (sports, on TV)

→ _____

3 우리는 서로에게 말하지 않는다. (talk, each other)

→ _____

4 홍 선생님께서는 이 건물에서 일하지 않으신다. (Mr. Hong, building)

→ _____

5 그들은 교복을 입지 않는다. (school uniform)

→ _____

6 Lisa는 그 강의를 이해하지 못한다. (understand, lecture)

→ _____

7 나는 오늘 기분이 좋지 않다. (feel, good)

→ _____

8 나의 아버지께서는 커피에 설탕을 넣지 않으신다. (put, sugar)

→ _____

9 Emily는 채소를 먹지 않는다. (eat, vegetable)

→ _____

10 이 케이크는 맛이 좋지 않다. (taste, good)

→ _____

Unit 06 일반동사의 의문문

※ 다음 우리말을 주어진 말을 이용하여 조건에 맞춰 영어로 옮기시오.

조건	1. 일반동사의 현재형 의문문으로 쓸 것 2. 주어의 인칭과 수에 유의하여 쓸 것 3. 주어 동사의 순서에 유의할 것

1   너는 자전거가 있니? (have, bike)

→ _____

2   Ann은 감자칩을 좋아하니? (potato chip)

→ _____

3   너의 삼촌은 기타를 연주하니? (uncle, guitar)

→ _____

4   마지막 기차가 10시 30분에 떠나나요? (last, leave)

→ _____

5   이 드레스는 좋아 보이니? (dress, good)

→ _____

6   그것은 많은 비용이 드니? (cost, a lot of)

→ _____

7   우리에게 충분한 시간이 있니? (have, enough)

→ _____

8   David와 Jack은 매일 농구 연습을 하니? (practice, every)

→ _____

9   우리에게 새 카메라가 필요하니? (need, camera)

→ _____

10   그 영화는 5시 30분에 시작하니? (movie, start)

→ _____

Unit 01 과거시제: be동사

※ 다음 우리말을 주어진 말을 이용하여 조건에 맞춰 영어로 옮기시오.

조건	1. be동사의 과거형으로 쓸 것	2. 축약 가능한 경우, 축약형으로 쓸 것

1 Beth는 2015년에 캐나다에 있었다. (Canada)

→ _____

2 Sally와 Andrew는 지난해에 같은 반에 있었다. (same, last)

→ _____

3 그녀는 그 밴드에서 가수였니? (singer, band)

→ _____

4 그들은 다시 지각했니? (again)

→ _____

5 그녀는 한 시간 전에 그 차 안에 있지 않았다. (hour, ago)

→ _____

6 그들은 회의에 너무 일찍 오지 않았다. (too, for)

→ _____

7 그 열쇠는 그 서랍 안에 없었다. (key, drawer)

→ _____

8 그 재활용 상자들은 비어 있었니? (recycling box, empty)

→ _____

9 나는 그때 용감했다. (brave, time)

→ _____

10 그 식당은 오늘 아침에 문을 열지 않았다. (restaurant, this)

→ _____

Unit 02 과거시제: 일반동사의 규칙 변화

※ 다음 우리말을 주어진 말을 이용하여 조건에 맞춰 영어로 옮기시오.

조건	1. 일반동사의 과거형으로 쓸 것	2. 규칙 변화에 맞게 동사를 변형할 것

1 그들은 몇 분 전에 바닥을 대걸레로 닦았다. (mop, a few)

→ _____

2 나는 오늘 아침 어머니와 포옹을 했다. (hug, this)

→ _____

3 우리 엄마는 저녁에 창문을 닫으셨다. (close, evening)

→ _____

4 Jessy는 한 시간 전에 그 상자들을 옮겼다. (carry, ago)

→ _____

5 Liam은 어제 그 버스를 기다렸다. (wait for)

→ _____

6 Jacob은 지난달에 중국을 방문했다. (visit, month)

→ _____

7 Mindy는 지난 주말에 도서관에서 공부했다. (study, library)

→ _____

8 그 엘리베이터는 5층에서 멈췄다. (at, fifth)

→ _____

9 나의 형은 3년 전에 고등학교를 졸업했다. (graduate from)

→ _____

10 Mark는 작년에 차 사고에서 내 목숨을 구해줬다. (save, car accident)

→ _____

Chapter 2

Unit 03 과거시제: 일반동사의 불규칙 변화

※ 다음 우리말을 주어진 말을 이용하여 조건에 맞춰 영어로 옮기시오.

조건	1. 일반동사의 과거형으로 쓸 것	2. 불규칙 변화에 맞게 동사를 변형할 것

1 Ellen은 오늘 아침에 아침 식사를 먹었다. (eat, this)

→ _____

2 Kate는 칼로 그 고기를 썰었다. (meat, knife)

→ _____

3 그들은 지난밤에 시카고로 떠났다. (leave for, last)

→ _____

4 우리는 어제 파티에서 가면을 썼다. (wear, mask)

→ _____

5 그 아이들은 2시간 전에 자신의 개들에게 먹이를 주었다. (kid, feed)

→ _____

6 우리 어머니께서 어제 나에게 장갑을 사주셨다. (buy, glove)

→ _____

7 한 소년이 어제 그 창문을 깨뜨렸다. (break, window)

→ _____

8 그는 지난 학기에 자신의 학생들에게 과학을 가르쳤다. (to, semester)

→ _____

9 그들은 지난 일요일에 소풍을 갔다. (go on a picnic)

→ _____

10 지난주에 누군가 내 자전거를 훔쳐갔다. (somebody, steal, bike)

→ _____

Unit 04 과거시제와 부정문과 의문문

※ 다음 우리말을 주어진 말을 이용하여 조건에 맞춰 영어로 옮기시오.

조건	1. 일반동사의 과거형으로 쓸 것 2. 우리말 의미와 같게 의문문 또는 부정문으로 쓸 것 3. 축약 가능한 경우, 축약형으로 쓸 것

1 너의 오빠가 어젯밤에 컴퓨터 게임들을 했니? (computer game)

→ _____

2 너의 아버지는 너의 어머니께 꽃을 사주셨니? (some, for)

→ _____

3 Theo는 오늘 아침에 머리를 감지 않았다. (wash, this)

→ _____

4 Samantha는 지난 학기에 화학을 공부하지 않았다. (chemistry, semester)

→ _____

5 그녀는 어제 파란색 목도리를 착용했니? (scarf)

→ _____

6 너의 농구팀은 지난 금요일에 있었던 경기에서 승리하지 않았다. (basketball, win)

→ _____

7 지하철은 제시간에 도착하지 않았다. (arrive, on time)

→ _____

8 Ryan은 오늘 아침에 비행기를 탔니? (get on, plane)

→ _____

9 그는 지난주에 헤밍웨이의 소설을 읽었니? (Hemingway, novel)

→ _____

10 Gavin은 자신의 우산을 가져왔니? (bring, umbrella)

→ _____

Unit 05 현재시제 vs. 과거시제의 쓰임

※ 다음 우리말을 주어진 말을 이용하여 조건에 맞춰 영어로 옮기시오.

조건	1. 주어진 단어를 활용할 것	2. 동사의 시제에 유의할 것

1 그는 매일 자신의 차를 이곳에 주차한다. (park, every)

→ _____

2 그들은 지난주에 그 무대에서 함께 노래했다. (together, on)

→ _____

3 난 한 시간 전에 가위로 그 종이를 잘랐다. (scissors, ago)

→ _____

4 그 백화점은 매일 밤 10시에 문을 닫는다. (department store, close)

→ _____

5 거북은 모래에 알을 낳는다. (the turtle, lay)

→ _____

6 우리는 밥을 먹기 전에 손을 씻는다. (wash, meal)

→ _____

7 Sam은 지난 토요일에 자신의 자전거를 탔다. (ride, bike)

→ _____

8 우리는 지난 일요일에 다 같이 공원을 청소했다. (all together)

→ _____

9 어제 나의 삼촌은 운전해서 출근을 하셨는데, 그는 보통 버스를 타신다. (take, work, take a bus)

→ _____

10 Amelia는 보통 오후 11시에 잠자리에 드는데, 어젯밤 그녀는 자정에 잠자리에 들었다.
(usually, go to bed, midnight)

→ _____

Unit 06 진행시제: 현재진행과 과거진행

※ 다음 우리말을 주어진 말을 이용하여 조건에 맞춰 영어로 옮기시오.

조건	1. 동사의 진행형으로 쓸 것	2. 동사의 시제에 유의할 것

1　나의 아버지는 지금 지붕을 수리하고 계신다. (repair, roof)

→ _____

2　Jackie와 나는 어젯밤에 컴퓨터로 채팅하고 있었다. (chat, on)

→ _____

3　Gary는 지금 첼로를 연주하고 있다. (cello)

→ _____

4　사람들은 어제 공원에서 조깅하고 있었다. (jog, at)

→ _____

5　두 마리의 개가 지금 뒤뜰에서 달리고 있다. (backyard)

→ _____

6　나는 한 시간 전에 많은 물을 마시고 있었다. (a lot of, ago)

→ _____

7　그녀는 그때 자신의 지갑을 찾고 있었다. (look for, purse, time)

→ _____

8　우리는 지난 주말에 그 파티를 준비하고 있었다. (prepare for, last weekend)

→ _____

9　그는 지금 신발 끈을 묶고 있는 중이다. (tie, shoes)

→ _____

10　그때 바람이 세게 불고 있었다. (blow, hard, time)

→ _____

진행시제의 부정문과 의문문

※ 다음 우리말을 주어진 말을 이용하여 조건에 맞춰 영어로 옮기시오.

조건   1. 동사의 진행형으로 쓸 것   2. 동사의 시제에 유의할 것
             3. 축약 가능한 경우, 축약형으로 쓸 것

1   나는 그 당시에 커피를 마시고 있지 않았다. (coffee, time)

→ _____

2   그들은 그때 그의 말을 듣고 있었니? (listen, then)

→ _____

3   우리는 그 당시에 체육관에서 요가를 배우고 있지 않았다. (yoga, at the gym, then)

→ _____

4   그는 그 당시에 자신의 교과서를 찾는 중이었니? (textbook, time)

→ _____

5   그녀는 지금 TV를 보고 있지 않다. (watch)

→ _____

6   엘리베이터는 지난 화요일 7시에 작동하고 있었니? (elevator, work)

→ _____

7   그들은 지금 이 순간 컴퓨터를 사용하고 있지 않다. (computer, moment)

→ _____

8   그들은 지금 헬스장에서 운동을 하고 있니? (exercise, in the gym)

→ _____

9   우리는 어제 8시에 야구를 하고 있지 않았다. (baseball)

→ _____

10   그가 지금 너를 귀찮게 하고 있니? (bother)

→ _____

Chapter3

Unit 01   can

※ 다음 우리말을 주어진 말을 이용하여 조건에 맞춰 영어로 옮기시오.

조건	1. 시제에 유의하여 조동사 can이나 could를 사용할 것	2. 축약이 가능한 경우, 축약형으로 쓸 것

1   그는 그 오래된 냉장고를 수리할 수 있니? (fix, refrigerator)

→ _____

2   그들은 오늘 밤에 불꽃놀이를 볼 수 있나요? (the fireworks)

→ _____

3   Nancy는 자신의 열쇠를 찾을 수 없다. (find)

→ _____

4   Robin 씨는 그 질문에 대답할 수 없었다. (Mr. Robin, answer)

→ _____

5   그는 혼자서 그 일을 마칠 수 있니? (alone)

→ _____

6   우리는 오늘 밤에 외식을 할 수 없다. (eat out)

→ _____

7   나의 여동생은 책장 꼭대기에 손이 닿을 수 없다. (reach, top shelf)

→ _____

8   Robin은 지난겨울에 그 얼어붙은 호수에서 스케이트를 탈 수 있었다. (skate, frozen)

→ _____

9   나는 제시간에 그 기차를 탈 수 있었다. (catch, on time)

→ _____

10   그녀가 내 이름을 기억할 수 있을까? (remember)

→ _____

Unit 02 will / be going to

※ 다음 우리말을 주어진 말을 이용하여 조건에 맞춰 영어로 옮기시오.

조건	1. will 또는 be going to로 미래를 나타낼 것	2. 축약이 가능한 경우, 축약형으로 쓸 것

1 오늘 비가 내릴 예정이다. (going, rain)

→ _____

2 그들은 그 회의에 참석할 예정이니? (going, attend)

→ _____

3 Tom은 내일 미술관에 가지 않을 것이다. (will, gallery)

→ _____

4 그들은 다음 주에 새집으로 이사하니? (going, move)

→ _____

5 그들은 너에게 진실을 말하지 않을 것이다. (will, truth)

→ _____

6 Max는 자신의 자동차를 팔 예정이니? (going, sell)

→ _____

7 우리 할머니께서는 자신의 개를 데리고 오지 않을 것이다. (will, her)

→ _____

8 Martin은 이번 주말에 빨래를 하지 않을 것이다. (going, do the laundry)

→ _____

9 너는 오늘 오후에 집에 있을 거니? (will, home)

→ _____

10 너의 삼촌은 다음 주에 도착하실 거니? (uncle, going)

→ _____

Unit 03 may

※ 다음 우리말을 주어진 말을 이용하여 조건에 맞춰 영어로 옮기시오.

조건	1. may로 허락 및 추측을 나타낼 것	2. 주어 동사의 어순에 유의할 것

1 그녀는 나의 이름을 기억할지도 모른다. (remember)

→ _____

2 우리는 우리의 기차를 놓치지 않을지도 모른다. (miss)

→ _____

3 제가 지금 식탁을 떠나도 되나요? (leave, table)

→ _____

4 너는 방과 후에 축구를 해도 된다. (after school)

→ _____

5 너는 점심 후에 초콜릿을 먹어도 좋다. (chocolate, lunch)

→ _____

6 내가 잠깐 동안 너의 펜을 써도 되니? (for a moment)

→ _____

7 우리 아버지는 이번 주 금요일에 낚시하러 가실지도 모른다. (fishing)

→ _____

8 Amy는 밴드 멤버가 아닐지도 모른다. (a band member)

→ _____

9 그녀는 우리를 위해 과자를 가져올지도 모른다. (some cookies)

→ _____

10 Lisa는 우리 동아리에 가입하지 않을지도 모른다. (join, club)

→ _____

Unit 04 must / have to

※ 다음 우리말을 주어진 말을 이용하여 조건에 맞춰 영어로 옮기시오.

조건	1. 상황에 맞게 must와 have to 중 알맞은 것을 선택할 것
	2. 축약 가능한 경우, 축약형으로 쓸 것

1 그는 그 축구 경기를 취소해야 한다. (cancel)

→ _____

2 그녀는 자신의 카메라를 가지고 와야 한다. (bring, camera)

→ _____

3 우리는 우리의 약속을 어겨서는 안 된다. (break, promise)

→ _____

4 그들은 그 카페에서 조용히 할 필요가 없다. (keep silent)

→ _____

5 너는 애완동물을 건물 안으로 데리고 오면 안 된다. (pet, into)

→ _____

6 그녀는 저 두꺼운 책을 읽을 필요가 없다. (thick)

→ _____

7 무슨 문제가 있는 게 틀림없다. (there, wrong)

→ _____

8 그는 일찍 일어날 필요가 없다. (wake up, early)

→ _____

9 당신은 은행 계좌를 개설해야 한다. (open, a bank account)

→ _____

10 나의 어머니는 내일 출근할 필요가 없다. (work)

→ _____

Chapter3
Unit 05 should

※ 다음 우리말을 주어진 말을 이용하여 조건에 맞춰 영어로 옮기시오.

조건	1. should로 의무나 충고를 나타낼 것	2. 축약이 가능한 경우, 축약형으로 쓸 것

1　너는 안전을 위해 문을 잠가야 한다. (lock, safety)

→ _____

2　나는 오늘 밤에 그녀에게 전화해야 한다. (call, tonight)

→ _____

3　Ann은 그를 믿어야 하니? (trust)

→ _____

4　우리는 우리의 점심을 가지고 와야 한다. (bring)

→ _____

5　너는 수업에 집중해야 한다. (pay attention, in)

→ _____

6　그녀는 커피를 너무 많이 마시지 말아야 한다. (drink, too much)

→ _____

7　우리는 떠들지 말아야 한다. (make a noise)

→ _____

8　우리는 표를 예약해야 하니? (book, a ticket)

→ _____

9　너는 너의 시간을 낭비하지 말아야 한다. (waste, time)

→ _____

10　그들은 학교에 늦지 않아야 한다. (late for)

→ _____

Unit 01 명사의 종류

※ 다음 우리말을 주어진 말을 이용하여 조건에 맞춰 영어로 옮기시오.

조건	1. 명사의 수에 유의할 것	2. 수와 시제에 유의하여 동사를 쓸 것

1   Ben은 차가운 물을 마신다. (drink, cold)

→ _____

2   사람들은 그 빛나는 별을 바라보았다. (look at, shining)

→ _____

3   강 씨는 혼자서 가구를 만들었다. (Mr. Kang, by oneself)

→ _____

4   나는 나의 다음 휴가로 보스턴을 가고 싶다. (Boston, vacation)

→ _____

5   그의 조부모님께서는 뉴욕에서 사신다. (grandparent, New York)

→ _____

6   Tom은 지난달에 좋은 차를 한 대 샀다. (nice, month)

→ _____

7   서울은 한국의 수도이다. (Seoul, capital)

→ _____

8   아시아는 큰 대륙이다. (continent)

→ _____

9   그는 오늘 많은 숙제가 있다. (a lot of)

→ _____

10   그들은 4월에 이탈리아에 갔다. (Italy, April)

→ _____

Unit 02 셀 수 있는 명사의 복수형

※ 다음 우리말을 주어진 말을 이용하여 조건에 맞춰 영어로 옮기시오.

조건	1. 명사의 수에 유의할 것	2. 수와 시제에 유의하여 동사를 쓸 것

1 그 집에는 두 개의 침실이 있다. (there, bedroom)

→ _____

2 너는 저 칼들을 다룰 때 조심해야 한다. (should, careful, with)

→ _____

3 나뭇잎 두 개가 바닥에 떨어졌다. (fall, floor)

→ _____

4 많은 사슴들이 숲에 산다. (many, deer, forest)

→ _____

5 나는 상자 하나가 필요하고, 내 친구는 상자 세 개가 필요하다. (need, and)

→ _____

6 Max는 샌드위치를 두 개 먹었다. (eat, sandwich)

→ _____

7 두 명의 여자가 나란히 앉아 있었다. (next, each)

→ _____

8 우리 할아버지 농장에는 거위가 열두 마리 있다. (there, goose, on)

→ _____

9 나는 차고에서 쥐 세 마리를 보았다. (see, mouse, garage)

→ _____

10 그 지붕들은 눈으로 덮여 있다. (roof, covered with)

→ _____

Unit 03 셀 수 없는 명사의 수량 표현

※ 다음 우리말을 주어진 말을 이용하여 조건에 맞춰 영어로 옮기시오.

조건	1. 명사의 수에 유의할 것	2. 수와 시제에 유의하여 동사를 쓸 것

1 우리는 피자 세 조각을 남겼다. (leave, slice)

→ _____

2 Mike는 아침 식사로 시리얼 한 그릇을 먹었다. (have, bowl, for)

→ _____

3 나는 점심 때 피자 세 조각을 먹었다. (have, piece, at)

→ _____

4 탁자 위에 물 다섯 잔이 있다. (there, table)

→ _____

5 Julie는 새 신발 한 짝을 샀다. (new, shoe)

→ _____

6 우리 방에는 가구 여섯 점이 있다. (there, furniture)

→ _____

7 우리는 함께 빵 두 조각을 나눠 먹었다. (share, together)

→ _____

8 한 잔의 오렌지 주스는 약 120 킬로 칼로리이다. (about 120 Kcal)

→ _____

9 그녀는 냉장고에서 물 세 병을 꺼냈다. (take, refrigerator)

→ _____

10 그는 따뜻한 수프 두 그릇을 먹었다. (eat, warm)

→ _____

Chapter4
Unit 04   부정관사 a(n)와 정관사 the

※ 다음 우리말을 주어진 말을 이용하여 조건에 맞춰 영어로 옮기시오.

조건	1. 상황에 알맞은 관사를 쓸 것 2. 시제에 유의하여 동사를 쓸 것
	3. 축약이 가능한 경우, 축약형으로 쓸 것

1   우리는 하루에 아홉 시간을 일한다. (hour, day)

→ _____

2   일 년은 열두 달이다. (there, month, year)

→ _____

3   Mindy는 학교 축제에서 기타를 연주했다. (guitar, festival)

→ _____

4   잠시 창문을 열어도 될까요? (may, window, for a minute)

→ _____

5   그녀는 정직한 학생이 아니다. (honest)

→ _____

6   Jack은 3층에 산다. (on, floor)

→ _____

7   너는 MP3 파일 하나를 너의 컴퓨터에 내려 받을 수 있다. (download , MP3 file)

→ _____

8   우리는 일주일에 한 번 외식을 한다. (go out for dinner)

→ _____

9   그들은 한 달에 한 번 도서관을 방문한다. (library, month)

→ _____

10   불을 좀 꺼줄래? (can, turn off)

→ _____

Unit 05 관사의 생략

※ 다음 우리말을 주어진 말을 이용하여 조건에 맞춰 영어로 옮기시오.

> 조건
> 1. 불필요한 곳에 관사를 쓰지 말 것   2. 시제에 유의하여 동사를 쓸 것
> 3. 축약이 가능할 경우, 축약형을 쓸 것

1   Brian은 버스를 타고 학교에 간다. (by)

→ _____

2   Chris는 과학을 잘한다. (good at)

→ _____

3   우리는 매주 토요일에 테니스를 한다. (tennis, every)

→ _____

4   나는 대학교에서 프랑스어를 공부하고 싶다. (hope, college)

→ _____

5   나는 어젯밤에 열한 시에 잠자리에 들었다. (go)

→ _____

6   나의 남동생은 월요일부터 금요일까지 학교에 다닌다. (from, to)

→ _____

7   그 새로운 식당에서 점심을 먹자. (have, restaurant)

→ _____

8   그는 자전거를 타고 전국을 여행했다. (travel, around the country, by)

→ _____

9   너는 아침을 거르지 말아야 한다. (should, skip)

→ _____

10   그 가족은 일요일마다 교회에 간다. (church, every)

→ _____

Unit 01 인칭대명사

※ 다음 우리말을 주어진 말을 이용하여 조건에 맞춰 영어로 옮기시오.

조건	1. 알맞은 인칭대명사를 쓸 것	2. 시제에 유의하여 동사를 쓸 것
	3. 축약 가능한 경우, 축약형으로 쓸 것	

1 그의 친구는 키가 190cm 이상이다. (over, tall)

→ _____

2 이 책은 그녀의 것이 아니다. (book)

→ _____

3 저 초록색 집은 나의 것이다. (green)

→ _____

4 우리를 파티에 초대해 줘서 고마워요. (for, invite, to)

→ _____

5 Mary는 너를 찾고 있었다. (look for)

→ _____

6 그녀는 그의 새 학교생활에 대해 들떠 있다. (excited about, school life)

→ _____

7 우리는 그들을 위해 스파게티를 만들었다. (make, spaghetti)

→ _____

8 그녀의 부모님께서는 나에게 매우 친절하시다. (parent, very, kind)

→ _____

9 그녀의 코치는 그녀를 자랑스러워한다. (coach, proud of)

→ _____

10 이 지저분한 운동화는 그의 것이다. (dirty, sneaker)

→ _____

Unit 02 비인칭 주어 it

※ 다음 우리말을 주어진 말을 이용하여 조건에 맞춰 영어로 옮기시오.

> **조건** 1. 비인칭 주어 it을 사용할 것   2. 시제에 유의하여 동사를 쓸 것
> 3. 축약 가능한 경우, 축약형으로 쓸 것

1 하루 종일 비가 내린다. (rainy, long)

→ _____

2 어제는 12월 25일이었다. (December)

→ _____

3 지금 몇 시야? (time, now)

→ _____

4 어제가 무슨 요일이었니? (day, yesterday)

→ _____

5 지금 열한 시예요. (11 o'clock)

→ _____

6 여기서 시청까지는 약 20분 정도 걸린다. (take, about, city hall)

→ _____

7 한국은 지금 겨울이다. (winter)

→ _____

8 밖이 여전히 밝다. (still, outside)

→ _____

9 오후 6시 정도면 어두워진다. (get, around)

→ _____

10 오늘 오후에는 눈이 올 것이다 (going, snow)

→ _____

Unit 03 지시대명사

※ 다음 우리말을 주어진 말을 이용하여 조건에 맞춰 영어로 옮기시오.

조건	1. 알맞은 지시대명사를 쓸 것	2. 시제에 유의하여 동사를 쓸 것

1 이 컴퓨터들이 할인 판매 중입니까? (on sale)

→ _____

2 Jack이 저 장난감들을 가지고 왔니? (toy)

→ _____

3 이것이 너의 아버지의 자동차니? (car)

→ _____

4 저 스카프들이 너의 어머니 것이니? (scarf)

→ _____

5 그는 저 남자를 잘 알고 있다. (know, well)

→ _____

6 저 배낭들은 우리의 것이 아니다. (backpack)

→ _____

7 대기실에 있는 저 사람들을 봐. (look at, the waiting room)

→ _____

8 저는 이 초콜릿 케이크로 할게요. (will, have)

→ _____

9 여기는 공공장소이다. (public place)

→ _____

10 이분들은 나의 조부모님이시다. (grandparent)

→ _____

Chapter 5

Unit 04 부정대명사 one, another, other

※ 다음 우리말을 주어진 말을 이용하여 조건에 맞춰 영어로 옮기시오.

조건	1. one, another, other를 알맞게 쓸 것	2. 시제에 유의하여 동사를 쓸 것
	3. 축약 가능한 경우, 축약형으로 쓸 것	

1 그녀는 하나를 곧 살 것이다. (will, soon)

→ _____

2 싱싱한 것들로 주세요. (give, fresh)

→ _____

3 다른 것을 보여 줄래요? (can, show)

→ _____

4 차 한 잔 더 드시겠어요? (would, tea)

→ _____

5 두 개는 흰색이었고, 나머지는 모두 회색이었다. (white, and, gray)

→ _____

6 하나는 분홍색이고, 나머지 하나는 파란색이다. (pink, and, blue)

→ _____

7 한 조각 더 먹을게요. (will, have)

→ _____

8 어떤 사람들은 재즈를 좋아하고, 또 다른 사람들은 록 음악을 좋아한다. (jazz, rock)

→ _____

9 나는 비슷한 것을 원한다. (similar)

→ _____

10 하나는 그의 친구의 것이고, 나머지는 모두 그의 여동생들 것이다. (for, friend, sister)

→ _____

부정대명사 all, both, every, each

※ 다음 우리말을 주어진 말을 이용하여 조건에 맞춰 영어로 옮기시오.

조건	1. all, both, every, each를 알맞게 쓸 것　2. 시제에 유의하여 동사를 알맞게 쓸 것

1　모든 선수들은 슬럼프를 겪는다. (every, go through, slump)

→ _____

2　각 학생은 이름표를 달아야 한다. (have to, wear, name tag)

→ _____

3　그들은 모두 13살이다. (them)

→ _____

4　그들 둘 다 회의에 간다. (them, going, meeting)

→ _____

5　우리 마을에 있는 모든 사람들은 친절하다. (all of, kind)

→ _____

6　우리학교의 모든 남자아이들은 게임을 좋아한다. (every, game)

→ _____

7　그들 둘 다 의사이다. (them)

→ _____

8　Erica는 매달 캠핑을 간다. (camping, every)

→ _____

9　우리 모두는 같은 학교에 다닌다. (us, same)

→ _____

10　우리는 각자 다른 의견을 가지고 있다. (us, idea)

→ _____

Unit 01 의문사 의문문 (1) who, whose, what, which

※ 다음 우리말을 주어진 말을 이용하여 조건에 맞춰 영어로 옮기시오.

조건   1. 상황에 알맞게 의문사 who, whose, what, which를 쓸 것   2. 시제에 유의하여 동사를 알맞게 쓸 것

1   이것은 누구의 공책이니? (notebook)

→ _____

2   지난밤에 무엇을 했니? (last)

→ _____

3   피자와 파스타 중 어떤 것을 원하니? (pizza, pasta)

→ _____

4   누가 쿠키를 좋아하니? (cookies)

→ _____

5   저 남자분은 누구니? (that)

→ _____

6   네가 가장 좋아하는 음식은 무엇이니? (favorite)

→ _____

7   저것은 누구의 안경이니? (glasses)

→ _____

8   당신은 어떤 게임을 할 건가요? (game, will)

→ _____

9   그들은 누구의 자녀들인가요? (children)

→ _____

10   당신은 이것과 저것 중 어떤 그림을 좋아해요? (picture, one)

→ _____

의문사 의문문 (2) when, where, why, how

※ 다음 우리말을 주어진 말을 이용하여 조건에 맞춰 영어로 옮기시오.

> 조건   1. 상황에 알맞게 의문사 when, where, why, how를 쓸 것
> 2. 시제에 유의하여 동사를 쓸 것

1   당신은 어디서 사나요? (live)

→ _____

2   축제는 언제니? (festival)

→ _____

3   너의 새 선생님은 어떠시니? (new)

→ _____

4   당신은 왜 울고 있나요? (cry)

→ _____

5   내가 왜 그를 선택해야 하지? (should, select)

→ _____

6   TV를 어떻게 틀죠? (can, turn on)

→ _____

7   그는 어디로 가고 있는 중이에요? (go)

→ _____

8   제가 그를 언제 만날 수 있나요? (can, see)

→ _____

9   제가 왜 당근을 먹어야 하나요? (should, carrot)

→ _____

10   당신은 그것을 어떻게 알고 있어요? (that)

→ _____

의문사 의문문 (3) how + 형용사 / 부사

※ 다음 우리말을 주어진 말을 이용하여 조건에 맞춰 영어로 옮기시오.

조건	1. 의문사 how 뒤에 알맞은 형용사/부사를 쓸 것
	2. 시제에 유의하여 동사를 쓸 것

1   너의 형은 몇 살이니? (old)

→ _____

2   당신은 키가 몇인가요? (tall)

→ _____

3   그 방에 몇 명의 사람들이 있나요? (many, there)

→ _____

4   당신은 물이 얼마나 많이 필요해요? (much, need)

→ _____

5   당신은 독서를 얼마나 자주 하나요? (often, read)

→ _____

6   그는 머리를 얼마나 자주 감나요? (wash, hair)

→ _____

7   여기에서 서울까지 가려면 얼마나 걸리나요? (long, take, from, to)

→ _____

8   당신은 돈이 얼마나 있나요? (money)

→ _____

9   러시아는 얼마나 큰가요? (big, Russia)

→ _____

10   당신은 여자 형제가 몇 명이 있나요? (sister)

→ _____

Unit 04 명령문

※ 다음 우리말을 주어진 말을 이용하여 조건에 맞춰 영어로 옮기시오.

조건	1. 동사원형으로 명령문을 만들 것	2. 축약 가능한 경우, 축약형으로 쓸 것

1 여동생을 잘 대해줘라. (nice)

→ _____

2 그 그림을 만지지 마라. (painting)

→ _____

3 서둘러라, 그러면 기차를 잡을 것이다. (hurry, will)

→ _____

4 규칙들을 지켜라, 그렇지 않으면 당신은 곤란해질 것이다. (follow, rule, in trouble)

→ _____

5 최선을 다해라, 그렇지 않으면 실패할 것이다. (do, fail)

→ _____

6 진실을 말해라, 그러면 내가 당신을 용서할 것이다. (truth, forgive)

→ _____

7 교실을 나가지 마세요. (leave, classroom)

→ _____

8 당신의 안전벨트를 매라, 그러면 당신은 괜찮을 것이다. (wear, seatbelt, fine)

→ _____

9 도서관에서는 조용히 하세요. (quiet, library)

→ _____

10 매일 운동해라, 그렇지 않으면 몸무게가 늘 것이다. (exercise, gain weight)

→ _____

※ 다음 우리말을 주어진 말을 이용하여 조건에 맞춰 영어로 옮기시오.

| 조건 | let's, shall, how about, why don't we를 이용한 제안문으로 쓸 것 |

1 같이 농구하자. (together)

→ _____

2 우리 솔직해지자. (honest)

→ _____

3 이 영화는 보지 말자. (watch)

→ _____

4 그것에 대해서 너무 걱정하지 말자. (too much)

→ _____

5 우리 Tom의 집에서 만날까? (shall, meet, house)

→ _____

6 피자 한 판 주문하는 게 어때? (how, order)

→ _____

7 도서관에서 공부하자. (library)

→ _____

8 박물관에 가는 것이 어때? (why, museum)

→ _____

9 우리 지금 점심을 먹는 것이 어떠니? (why, have)

→ _____

10 우리 회의를 여는 것이 어떠니? (how, have)

→ _____

Unit 06 부가의문문

※ 다음 우리말을 주어진 말을 이용하여 조건에 맞춰 영어로 옮기시오.

> 조건   1. 문장 뒤에 알맞은 부가의문문으로 쓸 것   2. 축약 가능한 경우, 축약형으로 쓸 것

1 Tom은 파티에 없었어, 그렇지? (party)

→ _____

2 밖은 춥지 않아, 그렇지? (outside)

→ _____

3 당신은 햄버거를 좋아해요, 그렇지 않나요? (hamburger)

→ _____

4 그들은 현장 학습을 떠났어요, 그렇지 않나요? (go on a field trip)

→ _____

5 김 선생님은 아이가 두 명 있어요, 그렇지 않나요? (Ms. Kim, children)

→ _____

6 John은 기타를 칠 수 없어요. 그렇죠? (guitar)

→ _____

7 그는 곧 도착할 거야, 그렇지 않니? (will, soon)

→ _____

8 Jack은 우산이 있어, 그렇지 않니? (umbrella)

→ _____

9 당신은 수영을 매우 잘 할 수 있어요. 그렇지 않나요? (can, very well)

→ _____

10 Eric은 다시는 늦지 않을 거예요, 그렇죠? (will, again)

→ _____

감탄문

※ 다음 우리말을 주어진 말을 이용하여 조건에 맞춰 영어로 옮기시오.

> 조건
> 1. what 또는 how로 시작하는 감탄문을 쓸 것
> 2. 주어와 동사는 생략하지 말 것

1 당신은 정말 똑똑한 사람이네요! (smart)

→ _____

2 그들은 정말 귀여운 아기들이구나! (baby)

→ _____

3 그 책은 정말 무겁구나! (heavy)

→ _____

4 나는 얼마나 어리석은가! (stupid)

→ _____

5 그것은 정말 좋은 생각이다! (good)

→ _____

6 당신은 정말로 아름답게 노래를 부르네요! (beautifully)

→ _____

7 그녀는 정말 아름다운 눈을 가지고 있구나! (eye)

→ _____

8 교통 흐름이 얼마나 느리던지! (traffic)

→ _____

9 이 문제는 정말 어렵구나! (difficult, problem)

→ _____

10 그것들은 정말 큰 동물이구나! (big)

→ _____

이것이 THIS IS 시리즈다!

THIS IS GRAMMAR 시리즈

▷ 중·고등 내신에 꼭 등장하는 어법 포인트 분석 및 총정리

강남인강 강의교재

 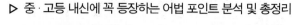 

THIS IS READING 시리즈

▷ 다양한 소재의 지문으로 내신 및 수능 완벽 대비

강남인강 강의교재

THIS IS VOCABULARY 시리즈

▷ 주제별로 분류한 교육부 권장 어휘

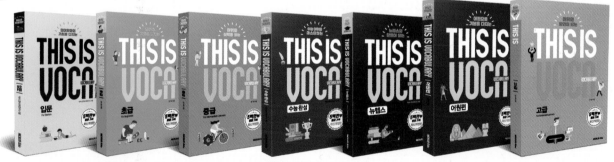

THIS IS 시리즈

무료 MP3 및 부가자료 다운로드
www.nexusbook.com
www.nexusEDU.kr

THIS IS GRAMMAR 시리즈
Starter 1~3   영어교육연구소 지음 | 205×265 | 144쪽 | 각 권 12,000원
초·중·고급 1·2   넥서스영어교육연구소 지음 | 205×265 | 250쪽 내외 | 각 권 12,000원

THIS IS READING 시리즈
Starter 1~3   김태연 지음 | 205×265 | 156쪽 | 각 권 12,000원
1·2·3·4   넥서스영어교육연구소 지음 | 205×265 | 192쪽 내외 | 각 권 10,000원

THIS IS VOCABULARY 시리즈
입문   넥서스영어교육연구소 지음 | 152×225 | 224쪽 | 10,000원
초·중·고급·어원편   권기하 지음 | 152×225 | 180×257 | 344쪽~444쪽 | 10,000원~12,000원
수능 완성   넥서스영어교육연구소 지음 | 152×225 | 280쪽 | 12,000원
뉴텝스   넥서스 TEPS연구소 지음 | 152×225 | 452쪽 | 13,800원

LEVEL CHART

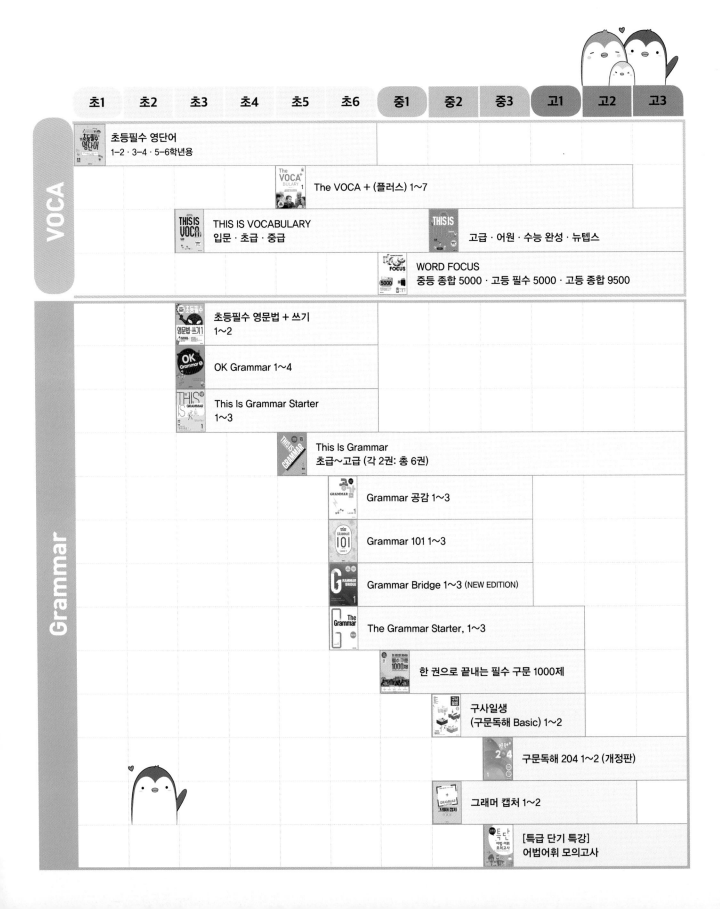

	초1	초2	초3	초4	초5	초6	중1	중2	중3	고1	고2	고3
VOCA	초등필수 영단어 1–2 · 3–4 · 5–6학년용											
				The VOCA + (플러스) 1~7								
			THIS IS VOCABULARY 입문 · 초급 · 중급						고급 · 어원 · 수능 완성 · 뉴텝스			
						WORD FOCUS 중등 종합 5000 · 고등 필수 5000 · 고등 종합 9500						
Grammar			초등필수 영문법 + 쓰기 1~2									
			OK Grammar 1~4									
			This Is Grammar Starter 1~3									
					This Is Grammar 초급~고급 (각 2권: 총 6권)						
							Grammar 공감 1~3					
							Grammar 101 1~3					
							Grammar Bridge 1~3 (NEW EDITION)					
							The Grammar Starter, 1~3					
							한 권으로 끝내는 필수 구문 1000제					
								구사일생 (구문독해 Basic) 1~2				
									구문독해 204 1~2 (개정판)			
								그래머 캡처 1~2				
									[특급 단기 특강] 어법어휘 모의고사			

절대평가 1등급, 내신 1등급을 위한 영문법 기초부터 영작까지

도전 만점
중등 내신
서술형 ①

통문장
암기 훈련
워크북 포함

영문법+쓰기

넥서스영어교육연구소 지음

어휘 리스트　어휘 테스트　통문장 암기 훈련북　정답 해석 및 해설　동사형 변화표　기타 온라인 자료

정답 및 해설

6가지 학습자료 무료 제공　www.nexusbook.com

NEXUS Edu

도전 만점 중등 내신 서술형 1

영문법+쓰기

통문장 암기 훈련 워크북 포함

정답 및 해설

NEXUS Edu

Chapter 1 be동사와 일반동사

Unit 1 be동사의 현재형 _____ p.010

Check-up 1

1 am, are, are   2 is, is, are
3 are, are, are

해석

1 나는 키가 크다. 너는 키가 크다
   → 우리는 키가 크다.
2 그녀는 뉴욕에 있다. 그는 로스앤젤레스에 있다.
   → 그들은 미국에 있다.
3 너와 나는 친구이다. Tina와 너도 친구이다.
   → 우리는 가장 친한 친구이다.

해설

1 I am, You are, 너와 나는 우리이므로 we are
2 She is, He is, 그와 그녀는 그들이므로 they are
3 너와 나는 우리이므로 we are, Tina와 너는 너희들이므로 you are

Check-up 2

1 are   2 are   3 are
4 is   5 are

해석

1 너와 Ben은 내가 가장 좋아하는 반 친구이다.
2 너와 너의 여동생은 유명한 피아니스트이다.
3 Kerry와 나는 런던에서 왔다.
4 Smith 씨는 훌륭한 선생님이다.
5 Sumi와 Tony는 같은 학교에 다닌다.

해설

1 you and Ben은 2인칭 복수, (you) are
2 you and your sister는 2인칭 복수, (you) are
3 Kerry and I는 1인칭 복수, (we) are
4 Mr. Smith는 3인칭 단수, (he) is
5 Sumi와 Tony는 3인칭 복수, (they) are

STEP 1

1 am, I'm   2 are, We're
3 are, You're   4 are, They're
5 is, He's

해석

1 나는 매일 학교에 지각한다.
   → 나는 지금 집에 있다.
2 우리는 교실에 있다.
   → 우리는 기말고사를 볼 준비가 됐다.
3 너는 영어를 잘한다.
   → 너는 좋은 학생이다.
4 몇 개의 사과가 식탁에 있다.
   → 그것들은 맛있다.
5 Timber 선생님은 나의 새로운 음악 선생님이시다.
   → 그는 매우 좋으시다.

해설

1 I am = I'm
2 we are = we're
3 you are = you're
4 some apples는 3인칭 복수이므로 they, they are = they're
5 Mr. Timber는 3인칭 단수, 남자이므로 he, he is = he's

STEP 2

1 I, am   2 He, is   3 It, is
4 They, are   5 We, are

해설

1 주어 I(나)는 1인칭 단수, I am
2 주어 he(그)는 3인칭 단수, he is
3 주어 it(그것)은 3인칭 단수, it is
4 주어 they(그들)는 3인칭 복수, they are
5 주어 we(우리)는 1인칭 복수, we are

STEP 3

1 She is very smart.
2 They are really happy.
3 He is from Australia.
4 I am good at Math.
5 We are in the art gallery.

해석

1 너는 매우 똑똑하다.   → 그녀는 매우 똑똑하다.
2 나는 정말 행복하다.   → 그들은 정말 행복하다.
3 우리는 호주 출신이다.   → 그는 호주 출신이다.
4 그들은 수학을 잘한다.   → 나는 수학을 잘한다.
5 그녀는 미술관에 있다.   → 우리는 미술관에 있다.

해설

1 she는 3인칭 단수이므로 are를 is로 변경
2 they는 3인칭 복수이므로 am을 are로 변경

3 he는 3인칭 단수이므로 are를 is로 변경

4 I는 1인칭 단수이므로 are를 am으로 변경

5 we는 1인칭 복수이므로 is를 are로 변경

STEP 4

1 I am in my room

2 She is a famous singer.

3 He is hungry and thirsty.

4 They are tall buildings in Asia.

5 We are at the theater

6 You are nice children.

해설

1~6 '주어 + be동사 + 보어/부사구'의 어순으로 단어를 배열

STEP 5

1 I am a writer.

2 You are creative.

3 We are sisters.

4 He is a soldier.

5 They are popular at school.

해설

1 주어 I(나)는 1인칭 단수, I am

2 주어 you(너)는 2인칭 단수, you are

3 주어 we(우리)는 1인칭 복수, we are

4 주어 he(그)는 3인칭 단수, he is

5 주어 they(그들)는 3인칭 복수, they are

Unit 2 be동사의 부정문   p.013

Check-up 1

1	am not	2	aren't	3	isn't
4	isn't	5	aren't	6	aren't

해석

1 나는 선생님이 아니다.

2 너는 우체부가 아니다.

3 그는 택시 운전기사가 아니다.

4 그것은 나비가 아니다.

5 우리는 이야기꾼이 아니다.

6 그들은 좋은 배우가 아니다.

해설

1 I am, am not은 축약형 없음

2 you are, are not = aren't

3 he is, is not = isn't

4 it is, is not = isn't

5 we are, are not = aren't

6 they are, are not = aren't

Check-up 2

1	am not	2	is not[isn't]
3	are not[aren't]	4	are not[aren't]

해석

1 나는 영어를 잘하지 못한다.

2 너의 누나는 거기에 없다.

3 너와 너의 형은 쌍둥이가 아니다.

4 Jane과 나는 학교 버스에 타고 있지 않다.

해설

1 am not은 축약형이 없음

2 sister는 3인칭 단수이므로 be동사는 is가 쓰여야 함, is not = isn't

3 you와 your brother는 복수(you)이므로 be동사는 are가 쓰여야 함, are not = aren't

4 Jane과 I는 1인칭 복수(we)이므로 be동사는 are가 쓰여야 함, are not = aren't

STEP 1

1	are, not	2	am, not
3	is, not	4	are, not
5	is, not	6	are, not

해석

1 너는 말랐다. 너는 뚱뚱하지 않다.

2 나는 한국인이다. 나는 미국인이 아니다.

3 그는 나의 삼촌이다. 그는 나의 형이 아니다.

4 그들은 나의 누나들이다. 그들은 나의 형들이 아니다.

5 Kelly는 나의 친구이다. 그녀는 나의 선생님이 아니다.

6 Sam과 나는 학교에 있다. 우리는 공원에 있지 않다.

해설

1~6 앞 문장과 뒤따르는 문장의 내용이 반대가 되므로 be동사 뒤에 부정어 not을 추가해야 함

STEP 2

1 am, not, I'm not

2 is, not, It's not[It isn't]

3 are, not, They're not[They aren't]

해석

1 나는 키가 크다. → 나는 키가 작지 않다.
2 그 개는 배고프다. → 그것은 배부르지 않다.
3 그 방들은 깨끗하다. → 그것들은 더럽지 않다.

해설

1~3 be동사 뒤에 not을 추가하여 부정문을 만드는데 '주어 + be동사' 또는 'be동사 + not'을 축약해서 쓸 수 있음. 단, I am not의 경우 am not을 줄여 쓸 수 없어 'I'm not'으로만 축약이 가능함

STEP 3

1 That book isn't mine.
2 They aren't[They're not] police officers.
3 It isn't[It's not] very cold today.
4 He isn't[He's not] my favorite dancer.
5 I'm not a middle school student.

해석

1 저 책은 나의 것이다.
  → 저 책은 나의 것이 아니다.
2 그들은 경찰관이다.
  → 그들은 경찰관이 아니다.
3 오늘은 날씨가 매우 춥다.
  → 오늘은 날씨가 매우 춥지 않다.
4 그는 내가 가장 좋아하는 무용수이다.
  → 그는 내가 가장 좋아하는 무용수가 아니다.
5 나는 중학교 학생이다.
  → 나는 중학교 학생이 아니다.

해설

1 is not = isn't
2 are not = aren't
3 is not = isn't
4 is not = isn't
5 I am not = I'm not

STEP 4

1 She is not in the living room.
2 The stew is not hot.
3 We are not sisters.
4 The books are not on the desk.
5 I am not hungry now.

해설

1~5 '주어 + be동사 + not + 보어/부사구'의 어순으로 단어를 배열

STEP 5

1 You aren't[You're not] elementary school students.
2 He isn't[He's not] at home.
3 You aren't[You're not] my brother.
4 They aren't[They're not] in the post office.
5 She isn't[She's not] a scientist.

해설

1 you are, are not = aren't
2 he is, is not = isn't
3 you are, are not = aren't
4 they are, are not = aren't
5 she is, is not = isn't

Unit 3 be동사의 의문문　　　　　　　　　p.016

Check-up 1

1 Are	2 Is	3 Is
4 Is	5 Are	6 Are

해석

1 당신들은 쌍둥이입니까?
2 김 선생님이 당신의 수학 선생님이십니까?
3 당신의 책이 책상 위에 있습니까?
4 그의 형은 런던에 있습니까?
5 그들은 파티할 준비가 됐습니까?
6 이 색연필들이 당신의 것입니까?

해설

1 you are → are you
2 Mr. Kim is → is Mr. Kim
3 your book is → is your book
4 his brother is → is his brother
5 they are → are they
6 these colored pencils are → are these colored pencils

Check-up 2

1 Are	2 Is	3 Is	4 Am
5 Are	6 Are	7 Are	

해석

1 당신은 예술가입니까?
2 그는 당신이 가장 좋아하는 반 친구입니까?
3 그녀는 Brown 선생님입니까?
4 내가 너무 늦었습니까?

5 그것들이 당신의 애완동물입니까?

6 우리는 그 축제를 위한 준비가 됐습니까?

7 Larry와 Kelly가 같은 반에 있습니까?

해설

1 you are → are you

2 he is → is he

3 she is → is she

4 I am → am I

5 they are → are they

6 we are → are we

7 Larry and Kelly are → are Larry and Kelly

STEP 1

1 she, isn't	2 he, isn't
3 I'm, not	4 it, isn't
5 they, are	

해석

1 A: 그녀는 간호사니?

　B: 아니. 그렇지 않아. 그녀는 의사야.

2 A: 그는 거실에 있니?

　B: 아니. 그렇지 않아. 그는 부엌에 있어.

3 A: 너는 한국에서 왔니?

　B: 아니. 그렇지 않아. 나는 일본에서 왔어.

4 A: 영어가 너에게 어렵니?

　B: 아니. 그렇지 않아. 그것은 쉬워.

5 A: 너의 부모님은 건강하시니?

　B: 응. 그래.

해설

1~4 짧은 대답의 경우, 'Yes, 대명사주어 + be동사.' 또는 'No, 대명사주어 + be동사 + not.'의 어순인데 you로 질문했을 경우, 상황에 따라 I나 we로 응답해야 함

STEP 2

1 Yes, I am.

2 Yes, it is.

3 No, he isn't.[No, he's not.]

4 Yes, they are.

5 No, we aren't.[No, we're not.]

6 No, you aren't.[No, you're not.]

해석

1 A: 너는 미국인이니?

　B: 응. 그래. 나는 뉴욕에서 왔어.

2 A: 이 책은 재미있니?

　B: 응. 그래. 그것은 정말로 재미있어.

3 A: 그는 파리에서 왔니?

　B: 아니. 그렇지 않아. 그는 네덜란드에서 왔어.

4 A: 그들은 너의 친구들이니?

　B: 응. 그래. 그들은 모두 새로 왔어.

5 A: 당신은 영어 선생님입니까?

　B: 아니요. 그렇지 않아요. 우리는 학교에서 과학을 가르칩니다.

6 A: 내가 너무 늦었니?

　B: 아니. 그렇지 않아. Jack은 지금 여기에 오는 중이야.

해설

1~6 뒤 따르는 대답이 긍정인지 부정인지를 파악하고 그에 따라 알맞게 'Yes, 대명사주어 + be동사.' 또는 'No, 대명사주어 + be동사 + not.'의 어순으로 짧은 응답을 해야 함. you로 질문했을 경우, 상황에 따라 I나 we로 응답해야 함

STEP 3

1 Is your father in his office?

2 Are cats good companions?

3 Is Oliver an excellent singer?

4 Is the peanut cookie sweet?

5 Are they members of the baseball club?

해석

1 너의 아버지께서는 자신의 사무실에 계신다.

　→ 너의 아버지께서는 자신의 사무실에 계시니?

2 고양이들은 좋은 반려동물이다.

　→ 고양이들은 좋은 반려동물이니?

3 Oliver는 훌륭한 가수이다.

　→ Oliver는 훌륭한 가수니?

4 그 땅콩 쿠키는 달콤하다.

　→ 그 땅콩 쿠키는 달콤하니?

5 그들은 그 야구 동아리의 회원이다.

　→ 그들은 그 야구 동아리의 회원이니?

해설

1~5 be동사의 평서문을 의문문으로 바꿀 때 주어와 be동사의 순서를 바꾸어 'be동사 + 주어 ~?'로 재배열

1 Is this show free?

2 Is that snack delicious?

3 Are those bags expensive?

4 Is Mark from Canada?

5 Is that bike yours?

6 Are you ready for the soccer game?

7 Are your cousins from England?

해설

1~7 'be동사 + 주어 ~?'의 어순으로 단어를 배열하여 의문문을 만들어야 함

1 Is, it, time

2 Are, we, too, late

3 Is, she, at, home

4 Am, I, too, young

5 Are, you, interested

6 Is, the, art, museum

7 Are, they, on, vacation

8 Is, her, bag, yellow

9 Is, he, from, America

10 Are, they, good, neighbors

해설

1~10 'be동사 + 주어 ~?'의 어순으로 의문문 작성

Unit 4 일반동사의 현재형 _____ p.020

Check-up

1 talks	2 wants	3 has
4 goes	5 tries	6 studies
7 dances	8 plays	9 reads
10 enjoys	11 does	12 mixes
13 runs	14 watches	15 teaches
16 catches	17 wakes	18 cries
19 builds	20 buys	

해석

1 말하다	11 하다
2 원하다	12 섞다
3 가지다	13 달리다
4 가다	14 보다

5 노력하다, 시도하다	15 가르치다
6 공부하다	16 잡다
7 춤추다	17 깨다, 깨우다
8 놀다	18 울다
9 읽다	19 짓다
10 즐기다	20 사다

해설

대부분의 동사	+ -s
-o, -x, -s, -ss, -sh, -ch로 끝나는 동사	+ -es
「자음 + y」로 끝나는 동사	-y → -ies
「모음 + y」로 끝나는 동사	+ -s

1 speak	2 play	3 enjoys
4 draws	5 reads	6 has
7 brushes	8 teaches	

해석

1 그들은 일본어를 매우 잘 말한다.

2 그 아이들은 방과 후에 자신들의 개들과 논다.

3 Alice는 깜짝 파티를 즐긴다.

4 그는 자신의 공책에 그림을 그린다.

5 나의 아버지께서는 아침에 신문을 읽으신다.

6 Harry는 좋은 컴퓨터를 가지고 있다.

7 그녀는 매일 자신의 머리를 빗는다.

8 Timber 선생님께서는 지역 문화 센터에서 역사를 가르치신다.

해설

1~2 주어가 3인칭 복수이므로 동사의 현재형은 동사원형과 같음

3~5 대부분의 동사 + -s

6 have → has

7~8 -sh, -ch로 끝나는 동사 + -es

1 wash, washes	2 help, helps
3 goes, go	4 eat, eats
5 watches, watch	6 study, studies

해석

1 나는 나의 차를 세차하고 그는 자신의 차를 세차한다.

2 나는 내 여동생을 돕고 Fred는 자신의 남동생을 돕는다.

3 매일 그녀는 스케이트를 타러 가고 너는 조깅을 하러 간다.

4 그들은 점심으로 샌드위치를 먹고 그녀는 샐러드를 먹는다.

5 그는 TV에서 야구를 보지만 나는 TV에서 드라마를 본다.

6 민지와 나는 집에서 공부하지만 지수는 도서관에서 공부한다.

해설
1~6 주어가 3인칭 단수인 경우, 동사에 따라 –s/–es/–ies를 추가하여 현재형을 만들고 3인칭 단수가 아닌 경우 동사의 현재형은 원형과 같음

STEP 3

1	clean	2	fixes	3	O
4	live	5	has	6	carries

해석
1 나는 매일 아침 나의 방을 청소한다.
2 그녀는 주말마다 공짜로 자전거 한 대를 수리한다.
3 우리는 8시에 학교로 출발한다.
4 Doris와 Jessy는 호주에 산다.
5 내 여동생은 큰 곰 인형을 가지고 있다.
6 그는 매일 자신의 노트북 컴퓨터를 사무실로 들고 다닌다.

해설
1 3인칭 단수 주어가 아니므로 일반동사의 현재형은 동사원형과 같음
2 -x로 끝나는 동사는 -es 추가
3~4 3인칭 단수 주어가 아니므로 일반동사의 현재형은 동사원형과 같음
5 have → has
6 「자음＋y」로 끝나는 동사는 y 제거, -ies 추가

STEP 4

1 She plays the piano
2 They read books
3 He brushes his teeth
4 We go grocery shopping
5 Nancy does her homework
6 Ted buys sneakers

해설
1~6 평서문으로 '주어 + 동사 ~.'의 어순으로 배열

STEP 5

1 gets, up
2 has, a, new, bag
3 Mark, drinks
4 She, teaches, English
5 We, take, a, walk

해설
1 대부분의 동사 + -s
2 have → has
3 대부분의 동사 + -s

4 -ch로 끝나는 동사 + -es
5 주어가 3인칭 단수가 아니므로 동사의 현재형은 동사원형과 같음

Unit 5 일반동사의 부정문   p.023

Check-up 1

1	don't	2	don't	3	don't
4	doesn't	5	doesn't	6	walk
7	look				

해석
1 나는 야구를 하지 않는다.
2 우리는 고기를 먹지 않는다.
3 그들은 애완동물을 좋아하지 않는다.
4 그는 프랑스어를 하지 않는다.
5 그녀는 더 이상 부산에 살지 않는다.
6 Mike는 매우 빨리 걷지 않는다.
7 이 드레스는 좋아 보이지 않는다.

해설
1~5 주어가 3인칭 단수인 경우 '주어 + doesn't + 동사원형' 아닌 경우, '주어 + don't + 동사원형'
6~7 don't/doesn't + 동사원형

Check-up 2

1 do not[don't]
2 do not[don't]
3 does not[doesn't] live
4 does not[doesn't] read
5 does not[doesn't] listen
6 do not[don't] like

해석
1 나는 간식이 없다.
2 우리는 아침 식사를 먹지 않는다.
3 Allen은 캘리포니아주에서 살지 않는다.
4 그는 역사책을 읽지 않는다.
5 Green 씨는 록음악을 듣지 않는다.
6 그들은 폭력적인 영화를 보지 않는다.

해설
1~6 주어가 3인칭 단수인 경우 '주어 + doesn't + 동사원형' 아닌 경우, '주어 + don't + 동사원형'

STEP 1

1 do, not	2 do, not	3 do, not
4 do, not	5 does, not	6 does, not

해석

1 나는 아침에 일찍 일어나지 않는다.

2 우리는 이 주변에서 살지 않는다.

3 그들은 스마트폰을 사용하지 않는다.

4 Sally와 나는 쌍둥이 자매처럼 보이지 않는다.

5 그는 영어를 하지 않는다.

6 그녀는 TV에서 스포츠를 보지 않는다.

해설

1~6 주어가 3인칭 단수인 경우 '주어 + does + not + 동사원형' 아닌 경우, '주어 + do + not + 동사원형'

STEP 2

1 don't, want	2 don't, talk
3 don't, like	4 doesn't, speak
5 doesn't, wear	6 doesn't, work

해석

1 나는 저녁 식사로 피자를 원하지 않는다.

2 우리는 서로에게 말하지 않는다.

3 그들은 컴퓨터 게임을 좋아하지 않는다.

4 그는 스페인어를 하지 않는다.

5 Kelly는 안경을 쓰지 않는다.

6 홍 선생님은 이 건물에서 일하지 않으신다.

해설

1~6 주어가 3인칭 단수인 경우 '주어 + doesn't + 동사원형' 아닌 경우, '주어 + don't + 동사원형'

STEP 3

1 We don't play board games after school.

2 They don't wear school uniforms.

3 She doesn't tell a lie.

4 Lisa doesn't understand the lesson.

5 This store doesn't sell my size.

해석

1 우리는 방과 후에 보드게임을 한다.

   → 우리는 방과 후에 보드게임을 안 한다.

2 그들은 교복을 입는다.

   → 그들은 교복을 입지 않는다.

3 그녀는 거짓말을 한다.

   → 그녀는 거짓말을 하지 않는다.

4 Lisa는 그 강의를 이해한다.

   → Lisa는 그 강의를 이해하지 못한다.

5 이 가게는 내 치수에 맞는 물건을 판다.

   → 이 가게는 내 치수에 맞는 물건을 안 판다.

해설

1~5 주어가 3인칭 단수인 경우 '주어 + doesn't + 동사원형' 아닌 경우, '주어 + don't + 동사원형'

STEP 4

1 I don't feel good today.

2 This camera doesn't work.

3 The jacket doesn't fit me.

4 Alex doesn't take a bus.

5 Daisy doesn't clean her room.

6 My father doesn't put sugar in his coffee.

해설

1~6 일반동사의 부정문이므로 '주어 + don't/doesn't + 동사원형'의 어순으로 단어를 배열

STEP 5

1 I don't play the piano.

2 They don't walk to school.

3 She doesn't keep a dog.

4 Emily doesn't eat vegetables.

5 This cake doesn't taste good.

해설

1~5 주어가 3인칭 단수인 경우 '주어 + doesn't + 동사원형' 아닌 경우, '주어 + don't + 동사원형'

Unit 6 일반동사의 의문문   p.026

Check-up 1

1 Do	2 Do	3 Do
4 Does	5 Does	6 Does

해석

1 너는 나의 이름을 기억하니?

2 그들은 매일 밤 영어를 공부하니?

3 Henry와 Emma는 피자를 좋아하니?

4 그는 매일 아침 조깅을 하러 가니?

5 그녀는 아침에 머리를 감니?

6 Sandy는 학교 밴드에서 드럼을 치니?

해설

1~6 주어 3인칭 단수인 경우 'Does + 주어 + 동사원형 ~?' 아닌 경우 'Do + 주어 + 동사원형 ~?'

해설

1~4 주어 3인칭 단수인 경우 'Does + 주어 + 동사원형 ~?' 아닌 경우 'Do + 주어 + 동사원형 ~?'

해설

1~4 주어 3인칭 단수인 경우 'Does + 주어 + 동사원형 ~?' 아닌 경우 'Do + 주어 + 동사원형 ~?'

Check-up 2

1 Do, know 2 Do, have 3 Does, rain
4 Does, cook 5 Does, work

해석

1 우리 아는 사이인가요? (내가 당신을 아나요?)
2 너는 노트북 컴퓨터가 있니?
3 이 지역에 비가 많이 내리니?
4 그녀는 주말마다 저녁을 요리하니?
5 너의 삼촌께서는 우체국에서 일하시니?

해설

1~5 주어 3인칭 단수인 경우 'Does + 주어 + 동사원형 ~?' 아닌 경우 'Do + 주어 + 동사원형 ~?'

STEP 1

1 I, don't 2 we, do
3 she, does 4 he, doesn't

해석

1 A: 너는 자전거가 있니?
  B: 아니. 그렇지 않아. 나는 인라인스케이트가 있어.
2 A: 너희는 합창단에서 노래하니?
  B: 응. 그래. 우리는 노래를 잘 불러.
3 A: Ann은 감자칩을 좋아하니?
  B: 응. 그래. 그녀는 초콜릿도 좋아해.
4 A: 너의 오빠는 매일 버스를 타고 학교에 가니?
  B: 아니. 그렇지 않아. 그는 학교에 걸어가.

해설

1~4 긍정인 경우 'Yes, 주어 + do.'로 대답하고, 부정인 경우 'No, 주어 + don't/doesn't.'로 대답. 단, 질문과 응답에 있는 주어 I는 you와 서로 바뀌고 we도 you와 바뀜

STEP 2

1 Do, you, want 2 Do, fly
3 Does, play 4 Does, leave

해석

1 A: 코코아 좀 먹을래?
  B: 아니. 그렇지 않아. 나는 우유를 원해.
2 A: 펭귄은 하늘을 나니?
  B: 아니. 그렇지 않아. 그것들은 걷고 수영을 해.
3 A: 너의 삼촌은 기타를 연주하니?
  B: 응. 그래. 그는 훌륭한 기타 연주가야.
4 A: 마지막 기차가 10시 30분에 떠나나요?
  B: 아니요. 그렇지 않아요. 그것은 8시에 떠나요.

STEP 3

1 Do you wear white sneakers?
2 Do they go to the gym?
3 Does this dress look good?
4 Does it cost a lot of money?

해석

1 너는 흰색 운동화를 신는다.
  → 너는 흰색 운동화를 신어?
2 그들은 헬스클럽에 다닌다.
  → 그들은 헬스클럽에 다녀?
3 이 드레스는 좋아 보인다.
  → 이 드레스는 좋아 보이니?
4 그것은 많은 비용이 들어.
  → 그것은 많은 비용이 드니?

해설

1~4 주어 3인칭 단수인 경우 'Does + 주어 + 동사원형 ~?' 아닌 경우 'Do + 주어 + 동사원형 ~?'

STEP 4

1 Do you like classical music?
2 Do we have enough time?
3 Do they enjoy mountain biking?
4 Do David and Jack practice basketball every day?
5 Does your school finish at three o'clock?
6 Does this jacket belong to you?

해설

1~6 'Do/Does + 주어 + 동사원형 ~?'의 어순으로 단어를 배열

STEP 5

1 Do, we, need
2 Do, you, take
3 Does, she, play
4 Does, Mr. Colin, work
5 Does, the, movie, start

해설

1~5 주어 3인칭 단수인 경우 'Does + 주어 + 동사원형 ~?' 아닌 경우 'Do + 주어 + 동사원형 ~?'

1 (1) is　(2) are
2 carry → carries
3 have → has
4 Are[are]
5 don't
6 (1) He is not[isn't] a jazz singer.
　(2) Is he a jazz singer?
7 (1) The computer does not[doesn't] work fast.
　(2) Does the computer work fast?
8 (1) Yes, he is.　(2) No, he isn't
9 (1) Yes, I do.　(2) No, I don't.
10 Yes, she, does
11 (1) am　(2) is　(3) is not[isn't]　(4) are
12 He is not in the classroom.
13 Are these books yours?
14 She does not eat snacks these days.
15 Do you take a shower every day?
16 I am[I'm] not busy today.
17 Does she like ice cream?
18 (1) go (2) don't study (3) doesn't walk (4) studies
19 Do you like playing badminton?
20 he does not[doesn't] have

해석 & 해설

1
(1) 그는 뱀을 두려워한다.
(2) Chris와 나는 캐나다에서 왔다.
(1) he는 3인칭 단수, he is
(2) Chris and I는 1인칭 복수, (we) are

2
Ella는 빨간색 가방을 휴대한다.
「자음+y」로 끝나는 동사는 y 제거, -ies 추가

3
나의 형은 자전거를 가지고 있다.
대부분의 동사는 -s가 추가되나 have는 불규칙 동사로 has

4
• 너는 피곤하니?
• Alex와 Emma는 같은 반이다.
you는 2인칭 단수, you are
Alex and Emma는 3인칭 복수, (they) are

5
• 그들은 매운 음식을 좋아하지 않는다.
• Jake와 Karen은 서로를 알지 못한다.
주어가 3인칭 단수가 아닐 경우 '주어 + don't + 동사원형'

6
그는 재즈 가수이다.
(1) 그는 재즈 가수가 아니다.
(2) 그는 재즈 가수니?
(1) be동사의 부정문: 주어 + be동사 + not + ~.
(2) be동사의 의문문: be동사 + 주어 + ~?

7
그 컴퓨터는 빠르게 작동한다.
(1) 그 컴퓨터는 빠르게 작동하지 않는다.
(2) 그 컴퓨터는 빠르게 작동하니?
(1) 3인칭 단수 주어 + doesn't + 동사원형~.
(2) Does + 3인칭 단수 주어 + 동사원형~?

8
그는 선생님입니까?
(1) 네, 그래요.
(2) 아니요, 그렇지 않아요.
(1) 긍정일 때 'Yes, 대명사주어 + be동사.'
(2) 부정일 때 'No, 대명사주어 + be동사 + not.'

9
너는 축구를 좋아하니?
(1) 응, 그래.
(2) 아니, 그렇지 않아.
(1) 주어가 3인칭 단수가 아니고 긍정일 때 'Yes, 대명사주어 + do.'
(2) 주어가 3인칭 단수가 아니고 부정일 때 'No, 대명사주어 + don't.'

10
A: Serena는 영어를 매우 열심히 공부합니까?
B: 네, 그래요. 그녀는 매일 공부합니다.
주어가 3인칭 단수이고 긍정일 때 'Yes, 대명사주어 + does.'

11
안녕, 여러분. 나는 진수야. 내 친구를 소개할게. 그녀의 이름은 지나야. 그녀는 매우 착하고 좋아. 그녀는 수학을 잘 못해. 하지만 그녀는 노래를 잘 불러. 나는 그녀를 좋아해. 우리는 가장 친한 친구야.
(1) I는 1인칭 단수, I am
(2) her name은 3인칭 단수, (it) is
(3) she는 3인칭 단수, she is, 부정문은 she is not
(4) we는 1인칭 복수, we are

12
be동사의 부정문: 주어 + be동사 + not ~.

13

be동사의 의문문: be동사 + 주어 ~?

14

일반동사의 부정문: 주어 + don't/doesn't + 동사원형 ~.

15

일반동사의 의문문: Do/Does + 주어 + 동사원형 ~?

16

I는 1인칭 단수, I am. 부정문은 I am not

17

Does + 3인칭 단수 주어 + 동사원형 ~?

18

Liam과 나는 같은 학교에 다닌다. 나는 학교에 걸어 다닌다. 나는 버스를 타고 학교에 가지 않는다. 나는 수업 중에 열심히 공부하지 않는다. Liam은 학교에 걸어 다니지 않는다. 그는 학교에 버스를 타고 다닌다. 그는 수업 중에 열심히 공부한다.

(1) don't + 동사원형

(2) 주어가 3인칭 단수가 아니므로 '주어 + don't + 동사원형 ~.'

(3) 주어가 3인칭 단수이므로 '주어 + doesn't + 동사원형 ~.'

(4) 「자음 + y」로 끝나는 동사는 y 제거, -ies 추가

19~20

Gavin: 너는 방과 후에 배드민턴을 치니?

Ethan: 응. 그래. 나는 배드민턴팀에 있어.

Gavin: 너는 배드민턴 치는 것을 좋아하니?

Ethan: 응. 나는 매일 연습해. 나는 그것을 맘껏 즐기고 있어.

Gavin: 나의 남동생도 배드민턴팀에 가입하기를 원해. 그는 정말로 배드민턴을 좋아해. 그런데 그는 경험이 많지 않아.

Ethan: 쉽지는 않을 거야. 하지만 내가 너의 남동생을 도울 수 있어.

Gavin: 정말 고마워. 그가 정말로 좋아할 거야.

19

주어가 3인칭 단수가 아니므로 'Do + 주어 + 동사원형 ~?'

20

주어가 3인칭 단수이므로 '주어 + doesn't + 동사원형 ~.'

Chapter 2 시제

Unit 1 과거시제: be동사   p.032

Check-up 1

1	was	2	were	3	was not
4	were not	5	Were	6	Was

해석

1 나는 그 당시에는 유령을 두려워했다.

2 나의 가족과 나는 지난주 일요일에 교회에 있었다.

3 나의 형은 작년에 키가 크지 않았다.

4 우리는 한 시간 전에 체육관에 있었다.

5 지난 금요일에 너는 콘서트에 있었니?

6 너의 일기장은 10분 전에 책상 위에 있었니?

해설

1 I (1인칭 단수), I am → I was

2 my family and I (1인칭 복수), (we) are → (we) were

3 my brother (3인칭 단수), (he) is not → (he) was not

4 we (1인칭 복수), we are not → we were not

5 you (2인칭 단수), Are you → Were you

6 your diary (3인칭 단수), Is (it) → Was (it)

Check-up 2

1	was	2	were	3	was
4	were	5	Were	6	Was

해석

1 나는 어젯밤에 매우 피곤했다.

2 그들은 2시간 전에 놀이터에 있었다.

3 그녀는 그 당시에 작가가 아니었다.

4 우리는 전에는 유명하지 않았다.

5 너는 어젯밤에 파티에 있었니?

6 그 재킷이 어제 세일 중이었니?

해설

1~6 1·3인칭 단수 주어일 때 was, 나머지는 were

STEP 1

1	was not[wasn't]	2	was not[wasn't]
3	were not[weren't]	4	were not[weren't]

해석

1 나는 어제 지각했다.

2 Beth는 2015년에 캐나다에 있었다.

3 너는 어제 집에 있었다.

4 Sally와 Andrew는 지난해에 같은 반이었다.

해설

1~4 be동사 과거형의 부정은 'was/were + not'이고 wasn't와 weren't로 축약 가능

STEP 2

| 1 Was, she | 2 Was, it | 3 Were, they |

해석

1 A: 그녀는 그 밴드에서 가수였니?
   B: 응. 그랬어. 그녀는 훌륭했어.
2 A: 그것이 어려웠니?
   B: 아니. 그렇지 않았어. 그것은 쉬웠어.
3 A: 그들은 또 지각했니?
   B: 아니. 그렇지 않았어. 그들은 제시간에 이곳에 도착했어.

해설

1~3 be동사의 과거시제 의문문은 'Was/Were + 주어 + ~?'인데 질문과 응답에 있는 I와 you는 서로 바뀜

STEP 3

1 He was not[wasn't] busy yesterday.
   Was he busy yesterday?
2 She was not[wasn't] in the car an hour ago.
   Was she in the car an hour ago?
3 They were not[weren't] too early for the meeting.
   Were they too early for the meeting?
4 The school trip was not[wasn't] fun.
   Was the school trip fun?

해석

1 그는 어제 바빴다.
   → 그는 어제 바쁘지 않았다.
   → 그는 어제 바빴니?
2 그녀는 한 시간 전에 그 차 안에 있었다.
   → 그녀는 한 시간 전에 그 차 안에 있지 않았다.
   → 그녀는 한 시간 전에 그 차 안에 있었니?
3 그들은 회의에 너무 일찍 왔다.
   → 그들은 회의에 너무 일찍 오지 않았다.
   → 그들은 회의에 너무 일찍 왔니?
4 수학여행은 재미있었다.
   → 수학여행은 재미없었다.
   → 수학여행은 재미있었니?

해설

1~4 be동사의 과거형의 부정은 'was/were + not'이고 wasn't와 weren't로 축약해서 쓸 수 있으며, be동사의 과거시제 의문문은 'Was/Were + 주어~?'로 씀

STEP 4

1 I was sleepy after lunch.
2 Your teacher was here ten minutes ago.
3 The key was not in the drawer.
4 They were not at the theater
5 Was the movie interesting?
6 Were the recycling boxes empty?

해설

1~2 평서문이므로 '주어 + be동사 + 보어/부사구'의 어순으로 단어 배열
3~4 부정문이므로 '주어 + be동사 + not + 보어/부사구'의 어순으로 단어 배열
5~6 의문문이므로 'Was/Were + 주어~?'의 어순으로 단어 배열

STEP 5

1 I, was, brave
2 The, children, were, excited
3 The, restaurant, wasn't, open
4 They, weren't, kind
5 Was, she, on, time

해설

1~2 평서문이므로 '주어 + be동사 + 보어'의 어순으로 문장 완성
3~4 부정문이므로 '주어 + be동사 + not + 보어'의 어순으로 문장 완성
5 의문문이므로 'Was/Were + 주어~?'의 어순으로 문장 완성

Unit 2 과거시제: 일반동사의 규칙 변화 _____ p.035

Check-up 1

1 talked	2 wanted	3 learned
4 asked	5 walked	6 ended
7 jumped	8 stayed	9 pushed
10 enjoyed	11 moved	12 loved
13 liked	14 lived	15 stopped
16 planned	17 occurred	18 hugged
19 skipped	20 mopped	21 dropped
22 studied	23 tried	24 cried
25 carried	26 worried	

해석

1 말하다 → 말했다
2 원하다 → 원했다

3 배우다 → 배웠다

4 묻다 → 물었다

5 걷다 → 걸었다

6 끝나다 → 끝났다

7 뛰다 → 뛰었다

8 머무르다 → 머물렀다

9 밀다 → 밀었다

10 즐기다 → 즐겼다

11 움직이다 → 움직였다

12 사랑하다 → 사랑했다

13 좋아하다 → 좋아했다

14 살다 → 살았다

15 멈추다 → 멈췄다

16 계획하다 → 계획했다

17 발생하다 → 발생했다

18 껴안다 → 껴안았다

19 거르다 → 걸렀다

20 닦다 → 닦았다

21 떨어뜨리다 → 떨어뜨렸다

22 공부하다 → 공부했다

23 노력하다 → 노력했다

24 울다 → 울었다

25 나르다 → 날랐다

26 걱정하다 → 걱정했다

해설

1~10 대부분의 동사: -ed 추가

11~14 -e로 끝나는 동사: -d 추가

15~21 「단모음 + 단자음」으로 끝나는 동사: 자음을 한 번 더 쓰고 -ed 추가

22~26 「자음 + y」로 끝나는 동사: y를 i로 바꾸고 -ed 추가

STEP 1

1	watched	2	moved	3	stayed
4	enjoyed	5	mopped	6	hugged
7	cried	8	tried		

해석

1 그녀는 2시간 전에 TV를 봤다.

2 나의 가장 친한 친구는 지난달에 서울로 이사했다.

3 우리는 어제 집에 있었다.

4 Alice는 지난해에 그 쇼를 즐겼다.

5 그들은 몇 분 전에 바닥을 대걸레로 닦았다.

6 나는 오늘 아침 어머니와 포옹을 했다.

7 그 아기는 어젯밤에 많이 울었다.

8 그녀는 그 드레스를 입으려고 노력했지만, 그것은 너무 작았다.

해설

1 대부분의 동사: -ed 추가

2 -e로 끝나는 동사: -d 추가

3~4 대부분의 동사: -ed 추가

5~6 「단모음 + 단자음」으로 끝나는 동사: 자음을 한 번 더 쓰고 -ed 추가

7~8 「자음 + y」로 끝나는 동사: y를 i로 바꾸고 -ed 추가

STEP 2

1	washed	2	closed	3	lived
4	dropped	5	planned	6	carried

해설

1 대부분의 동사: -ed 추가

2~3 -e로 끝나는 동사: -d 추가

4~5 「단모음 + 단자음」으로 끝나는 동사: 자음을 한 번 더 쓰고 -ed 추가

6 「자음 + y」로 끝나는 동사: y를 i로 바꾸고 -ed 추가

STEP 3

1	waited	2	visited	3	slipped
4	dropped	5	worried		

해석

1 Liam은 어제 그 버스를 기다렸다.

2 Jacob은 지난달에 중국을 방문했다.

3 Issac은 한 시간 전에 길에서 미끄러졌다.

4 나의 형은 몇 분 전에 나의 안경을 떨어뜨렸다.

5 나는 어젯밤 시험 성적에 대해서 걱정했다.

해설

1~2 대부분의 동사: -ed

3~4 「단모음 + 단자음」으로 끝나는 동사: 자음을 한 번 더 쓰고 -ed 추가

5 「자음 + y」로 끝나는 동사: y를 i로 바꾸고 -ed 추가

STEP 4

1 I received a letter

2 I enjoyed the musical

3 Daisy and Jack loved each other.

4 Mindy studied in the library

5 We planned a surprise party

6 The elevator stopped at the fifth floor.

해설

1~4 '주어 + 동사의 과거형 + 목적어/부사구'의 어순으로 단어를 배열

1 The, show, started
2 My, brother, graduated
3 saved, my, life
4 His, grandmother, died
5 skipped, the, meal

해설

1 대부분의 동사: -ed 추가
2~4 -e로 끝나는 동사: -d 추가
5 「단모음 + 단자음」으로 끝나는 동사: 자음을 한 번 더 쓰고 -ed 추가

Unit 3 일반동사의 불규칙 변화 _____ p.038

Check-up

1 took	2 woke	3 went
4 broke	5 bought	6 brought
7 caught	8 did	9 ate
10 hurt	11 spoke	12 won
13 lost	14 made	15 got
16 came	17 cut	18 met
19 read	20 kept	

해석

1 가지고 가다 → 가지고 갔다
2 깨우다 → 깨웠다
3 가다 → 갔다
4 깨다 → 깼다
5 사다 → 샀다
6 가져오다 → 가져왔다
7 잡다 → 잡았다
8 하다 → 했다
9 먹다 → 먹었다
10 다치게 하다 → 다치게 했다
11 말하다 → 말했다
12 이기다 → 이겼다
13 잃다 → 잃었다
14 만들다 → 만들었다
15 얻다 → 얻었다
16 오다 → 왔다
17 자르다 → 잘랐다
18 만나다 → 만났다
19 읽다 → 읽었다
20 유지하다 → 유지했다

해설

1~20 불규칙 동사의 과거 변화는 동사마다 다르기에 암기 필요

STEP 1

1 ate	2 drove	3 saw
4 flew	5 went	6 cut
7 found	8 hit	

해석

1 Ellen은 오늘 아침에 아침 식사를 먹었다.
2 한 시간 전에 나는 내 여동생을 공항으로 데려다주었다.
3 그들은 어젯밤에 재미있는 마술쇼를 봤다.
4 Emily는 지난 일요일에 파리로 비행기를 타고 갔다.
5 Luke와 나는 지난 금요일에 하이킹을 갔다.
6 Kate는 칼로 그 고기를 썰었다.
7 그녀는 자신의 차에서 자신의 핸드폰을 찾았다.
8 Harry는 어둠 속에서 벽에 머리를 부딪쳤다.

해설

1 eat(먹다)–ate
2 drive(태워다 주다)–drove
3 see(보다)–saw
4 fly(비행기를 타다)–flew
5 go(가다)–went
6 cut(썰다)–cut
7 find(발견하다)–found
8 hit(부딪치다)–hit

STEP 2

1 cut	2 left	3 slept
4 had	5 wore	

해설

1 cut(자르다)–cut
2 leave(떠나다)–left
3 sleep(자다)–slept
4 have(가지다)–had
5 wear(착용하다)–wore

STEP 3

1 came	2 rode	3 O
4 caught	5 O	6 bought

해석

1 어제 그는 퇴근하고 밤 11시에 귀가했다.
2 나는 지난 토요일에 나의 자전거를 탔다.
3 그 아이들은 2시간 전에 자신의 개에게 먹이를 주었다.

4 그 고양이는 어젯밤에 쥐를 한 마리 잡았다.

5 그 나무들은 지난달의 장마철 후에 키가 많이 자랐다.

6 어머니께서 어제 나에게 장갑을 사 주셨다.

해설

1 come(오다)–came

2 ride(타다)–rode

3 feed(먹이를 주다)–fed

4 catch(잡다)–caught

5 grow(자라다)–grew

6 buy(사다)–bought

STEP 4

1 A boy broke the window

2 He became a middle school student

3 Kevin put his cell phone on the table

4 I lost my bag on the subway

5 He taught science to his students

6 My mom went to BIG Mart

해설

1~6 '주어 + 동사의 과거형 + 목적어'의 어순으로 단어 배열

STEP 5

1 We, had, a, good, time

2 They, went, on, a, picnic

3 Sarah, ate, pasta

4 We, felt, hungry, and, cold

5 Somebody, stole, my, bike

해설

1 have((시간을) 보내다, 가지다)–had

2 go(가다)–went

3 eat(먹다)–ate

4 feel(느끼다)–felt

5 steal(훔치다)–stole

Unit 4 과거시제의 부정문과 의문문 _____ p.041

Check-up 1

1 did, not, wait

2 did, not, take

3 did, not, break

4 did, not, get, up

해석

1 그는 어제 그녀의 전화를 기다렸다.

2 우리는 지난여름에 여행을 갔다.

3 나는 몇 분 전에 그 창문을 깼다.

4 그들은 오늘 아침에 늦게 기상했다.

해설

1~4 일반동사 과거 시제의 부정문: 주어 + did not[didn't] + 동사원형

Check-up 2

1 Did, meet

2 Did, hurt

3 Did, see

4 Did, buy

해석

1 그는 아침에 Colin 씨를 만났다.

→ 그는 아침에 Colin 씨를 만났니?

2 Molly는 지난 토요일에 자신의 무릎을 다쳤다.

→ Molly는 지난 토요일에 자신의 무릎을 다쳤니?

3 그들은 지난 주말에 동물원에서 코끼리를 보았다.

→ 그들은 지난 주말에 동물원에서 코끼리를 보았니?

4 그는 Lucy에게 생일 선물을 사줬다.

→ 그는 Lucy에게 생일 선물을 사줬니?

해설

1~4 일반동사 과거 시제의 의문문: Did + 주어 + 동사원형~?

STEP 1

1 Yes, she, did

2 No, he, didn't

3 No, I, didn't

4 Yes, he, did

해석

1 A: Kelly는 이미 출장을 떠났니?

B: 응. 그래. 그녀는 2시간 전에 떠났어.

2 A: 너의 오빠가 어젯밤에 컴퓨터 게임을 했니?

B: 아니. 그렇지 않아. 그는 자신의 숙제를 했어.

3 A: 너는 아침에 뭐 좀 먹었니?

B: 아니. 그렇지 않아. 나는 시간이 없었어.

4 A: 너의 아버지는 너의 어머니에게 꽃을 사 주셨니?

B: 응. 그래. 그녀는 그것을 매우 기뻐하셨어.

해설

1 긍정의 응답: Yes, 대명사주어 + did.

2 부정의 응답: No, 대명사주어 + didn't.

3 부정의 응답: No, 대명사주어 + didn't.

you로 물을 때 I로 대답

4 긍정의 응답: Yes, 대명사주어 + did.

1	didn't wash	2	didn't study
3	Did she bring	4	Did he enjoy

해석

1 Theo는 오늘 아침에 머리를 감지 않았다.
2 Samantha는 지난 학기에 화학을 공부하지 않았다.
3 지난 월요일에 그녀는 그들의 점심 식사를 가지고 왔니?
4 그는 지난 주말에 그 영화를 즐겼니?

해설

1~2 일반동사 과거 시제의 부정문: 주어 + did not[didn't] + 동사원형
3~4 일반동사 과거 시제의 의문문: Did + 주어 + 동사원형~?

1 She did not[didn't] wear a blue scarf yesterday.
 Did she wear a blue scarf yesterday?
2 They did not[didn't] live near here in the past.
 Did they live near here in the past?
3 Your basketball team did not[didn't] win the game last Friday.
 Did your basketball team win the game last Friday?

해석

1 그녀는 어제 파란색 목도리를 착용했다.
 → 그녀는 어제 파란색 목도리를 착용하지 않았다.
 → 그녀는 어제 파란색 목도리를 착용했니?
2 그들은 과거에 여기 근처에서 살았다.
 → 그들은 과거에 여기 근처에서 살지 않았다.
 → 그들은 과거에 여기 근처에서 살았니?
3 너의 농구팀은 지난 금요일에 있었던 경기에서 승리했다.
 → 너의 농구팀은 지난 금요일에 있었던 경기에서 승리하지 않았다.
 → 너의 농구팀이 지난 금요일에 있었던 경기에서 승리했니?

해설

1~3 일반동사 과거 시제의 부정문: 주어 + did not[didn't] + 동사원형
 일반동사 과거 시제의 의문문: Did + 주어 + 동사원형~?

1 She didn't return the book
2 My father didn't wear his coat
3 The subway didn't arrive
4 Did your brother finish his homework
5 Did Ryan get on the plane
6 Did they wait for you

해설

1~3 일반동사의 과거 시제의 부정문은 '주어 + did not[didn't] + 동사원형'의 어순으로 배열
4~6 일반동사의 과거 시제의 의문문은 'Did + 주어 + 동사원형~?'의 어순으로 배열

1 I, didn't, watch
2 Bonnie, didn't, call
3 My, smartphone, didn't, work
4 Did, he, read
5 Did, bring, his, umbrella

해설

1~3 일반동사 과거 시제의 부정문: 주어 + did not[didn't] + 동사원형
4~5 일반동사 과거 시제의 의문문: Did + 주어 + 동사원형~?

Unit 5 현재시제 vs. 과거시제 _____ p.044

Check-up

1	goes	2	starts	3	plays	4	rises
5	had	6	broke	7	came	8	made
9	brushed	10	had				

해석

1 Jake는 일주일에 5일은 헬스클럽에 간다.
2 그 영화는 다음 주 토요일에 오후 8시에 시작한다.
3 Ben은 매일 그의 친구들과 야구를 한다.
4 해는 동쪽에서 뜬다.
5 나는 어젯밤에 악몽을 꿨다.
6 제2차 세계대전은 1939년에 발발했다.
7 그는 지난주에 인도로 돌아왔다.
8 나는 어제 아침 식사로 팬케이크를 만들었다.
9 나는 이를 십 분 전에 닦았다.
10 나의 삼촌은 4년 전에 큰 트럭을 가지고 있었다.

해설

1 반복적인 행동이나 습관 → 현재시제
2 확정된 미래 → 현재시제
3 반복적인 행동이나 습관 → 현재시제
4 진리, 사실 → 현재시제
5 과거의 동작 → 과거시제
6 역사적 사실 → 과거시제
7~9 과거의 동작 → 과거시제
10 과거의 상태 → 과거시제

1	is	2	read	3	parks
4	sleep	5	left	6	sang
7	discovered				

해설

1 현재의 상태 → 현재시제, 3인칭 단수 주어 + is

2 현재의 습관 → 현재시제

3 현재의 습관 → 현재시제, 3인칭 단수 주어 + 동사 + -s

4 일반적인 사실 → 현재시제

5 과거의 동작 → 과거시제, leave → left

6 과거의 동작 → 과거시제, sing → sang

7 역사적 사실 → 과거시제, 동사 + -ed

STEP 2

1	bought	2	stole	3	stopped
4	cut	5	wait	6	closes
7	plays				

해석

1 나의 아버지께서는 1년 전에 나에게 자전거를 사 주셨다.

2 키 큰 남자 한 명이 어제 나의 가방을 훔쳐갔다.

3 그는 그 당시에 그녀와 말하는 것을 멈추었다.

4 나는 한 시간 전에 가위로 그 종이를 잘랐다.

5 우리는 매일 아침 학교 버스를 기다린다.

6 그 백화점은 매일 밤 10시에 문을 닫는다.

7 Lisa는 일주일에 한 번 자신의 남동생과 배드민턴을 한다.

해설

1 a year ago → 과거, buy → bought

2 yesterday → 과거, steal → stole

3 at that time → 과거, stop → stopped

4 an hour ago → 과거, cut → cut

5 every morning → 현재, wait

6 at 10 every night → 현재, close → closes

7 once a week → 현재, play → plays

STEP 3

1	wears, wore	2	goes, went
3	took, takes	4	listens, listened
5	made, makes		

해석

1 나의 언니는 보통 긴 치마를 입는데, 어제 그녀는 헐렁한 바지를 입었다.

2 Amelia는 보통 오후 11시에 잠자리에 드는데, 어젯밤 그녀는 자정에 잠자리에 들었다.

3 어제 나의 삼촌은 운전해서 출근을 하셨는데, 그는 보통 버스를 타신다.

4 Peter는 밤에 자주 힙합 음악을 듣는데, 어젯밤 그는 클래식 음악을 들었다.

5 지난 일요일에 나의 어머니는 저녁 식사로 토마토 스파게티를 만드셨는데, 그녀는 보통 저녁 식사로 크림 스파게티를 만드신다.

해설

1~5 usually와 often과 같이 현재의 습관을 나타내는 빈도부사가 쓰일 때 동사의 현재형을 쓰고 과거를 나타내는 시점이 있는 절에는 과거형을 씀

STEP 4

1 I go jogging

2 The turtle lays eggs

3 Mr. Baker bakes fresh bread

4 We wash our hands

5 I painted the roof

6 They knew me

7 Jake walked to school

해설

1~7 시제에 맞게 '주어 + 동사 + 목적어'의 어순으로 단어를 배열

Check-up

1	flying	2	watching	3	looking
4	learning	5	crying	6	working
7	studying	8	eating	9	playing
10	giving	11	shaking	12	dancing
13	living	14	coming	15	writing
16	making	17	leaving	18	tying
19	lying	20	dying	21	cutting
22	hitting	23	planning	24	stopping
25	swimming	26	running	27	beginning
28	sitting	29	setting	30	putting

해석

1 날다 → 나는 중인
2 보다 → 보는 중인
3 보다 → 보는 중인
4 배우다 → 배우는 중인
5 울다 → 우는 중인
6 일하다 → 일하는 중인
7 공부하다 → 공부 중인
8 먹다 → 먹는 중인
9 놀다 → 노는 중인
10 주다 → 주는 중인
11 흔들다 → 흔드는 중인
12 춤추다 → 춤추는 중인
13 살다 → 사는 중인
14 오다 → 오는 중인
15 쓰다 → 쓰는 중인
16 만들다 → 만드는 중인
17 떠나다 → 떠나는 중인
18 묶다 → 묶는 중인
19 거짓말하다 → 거짓말하는 중인
20 죽다 → 죽는 중인
21 자르다 → 자르는 중인
22 때리다 → 때리는 중인
23 계획하다 → 계획하는 중인
24 멈추다 → 멈추는 중인
25 수영하다 → 수영하는 중인
26 달리다 → 달리는 중인
27 시작하다 → 시작하는 중인
28 앉다 → 앉는 중인
29 놓다 → 놓는 중인
30 놓다 → 놓는 중인

해설

1~9 대부분의 동사: -ing 추가

10~17 -e로 끝나는 동사: e 삭제, -ing 추가

18~20 -ie로 끝나는 동사: ie를 y로 변경 후 -ing 추가

21~30 「단모음 + 단자음」으로 끝나는 동사: 마지막 자음을 한 번 더 쓰고 -ing 추가

STEP 1

1	repairing	2	writing	3	carrying
4	feeding	5	chatting	6	climbing

해석

1 나의 아버지는 지금 지붕을 수리하고 계신다.
2 나는 지금 부모님께 편지를 쓰고 있다.
3 그들은 지금 트럭으로 무거운 상자들을 옮기는 중이다.
4 그 당시에 어떤 사람들은 공원에서 새들에게 먹이를 주고 있었다.
5 Jackie와 나는 어젯밤에 컴퓨터로 채팅하고 있었다.
6 그 남자는 2년 전에 로키 산맥을 등반하고 있었다.

해설

1 대부분의 동사: -ing 추가

2 -e로 끝나는 동사: e 삭제, -ing 추가

3~4 대부분의 동사: -ing 추가

5 「단모음 + 단자음」으로 끝나는 동사: 마지막 자음을 한 번 더 쓰고 -ing 추가

6 대부분의 동사: -ing 추가

STEP 2

1	is, playing	2	was, sending	3	is, making
4	are, dying	5	were, jogging	6	are, sitting

해석

1 Gary는 지금 첼로를 연주하고 있다.
2 나는 조금 전에 Sandy에게 문자 메시지를 보내고 있었다.
3 Patrick은 이 순간에 나를 위해 저녁 식사를 만들고 있다.
4 나의 식물들은 지금 죽어가고 있다.
5 사람들은 어제 공원에서 조깅하고 있었다.
6 Ted와 Sandy는 지금 소파에 앉아 있다.

해설

1~6 시제가 현재인 경우 현재진행형(am/are/is + V-ing)을 쓰고 과거인 경우 과거진행형(was/were + V-ing)을 씀

STEP 3

1	is, dancing	2	are, running
3	was, drinking	4	were, swimming

해석

1 Eric은 지금 음악에 맞춰 춤춘다.

　→ Eric은 지금 음악에 맞춰 춤추고 있다.

2 두 마리의 개가 뒤뜰에서 달린다.

　→ 두 마리의 개가 지금 뒤뜰에서 달리고 있다.

3 나는 한 시간 전에 많은 물을 마셨다.

　→ 나는 한 시간 전에 많은 물을 마시고 있었다.

4 그 아이들은 어제 강에서 수영했다.

　→ 그 아이들은 어제 강에서 수영하고 있었다.

해설

1~2 동사를 주어의 인칭과 수에 따라 'am/are/is + V-ing'으로 변경

3~4 동사를 주어의 인칭과 수에 따라 'was/were + V-ing'으로 변경

STEP 4

1 Jenny is walking

2 They are riding a bike

3 He was taking some pictures

4 Students were cleaning their classroom

5 She was looking for her purse

6 We were preparing for the party

해설

1~6 '주어 + be동사 + V-ing'의 어순으로 배열

STEP 5

1 He, is, tying

2 We, are, planning

3 A, dog, is, running, after

4 The, wind, was, blowing

5 They, were, packing

해설

1~3 현재진행형: 주어 + am/are/is + V-ing

4~5 과거진행형: 주어 + was/were + V-ing

Unit 7 진행시제의 부정문과 의문문 _____ p.050

Check-up 1

1 am not driving

2 is not[isn't] surfing

3 are not[aren't] telling

4 was not[wasn't] raining

5 were not[weren't] watering

해석

1 나는 멋진 차를 운전하고 있다.

2 Adam은 지금 인터넷을 검색하고 있다.

3 그들은 진실을 말하고 있다.

4 그 당시에 비가 내리고 있었다.

5 우리는 정원에서 식물에 물을 주고 있었다.

해설

1~5 진행시제의 부정문: be동사 + not + V-ing

Check-up 2

1 Is, making	2 Are, having
3 Were, taking	4 Was, reading

해석

1 A: 그녀는 지금 쿠키를 만들고 있니?

　B: 응. 그래. 그것들을 맛있는 냄새가 난다.

2 A: 그들은 파티를 열고 있니?

　B: 아니. 그렇지 않아. 그들은 집에 머물러 있어.

3 A: 너는 샤워를 하고 있었니?

　B: 응. 그래. 그래서 나는 초인종 소리를 못 들었어.

4 A: 그는 잡지를 읽고 있었니?

　B: 아니. 그렇지 않아. 그는 음악을 듣고 있었어.

해설

1~4 진행시제의 의문문: Be동사 + 주어 + V-ing?

STEP 1

1 was, not, drinking

2 is, not, riding

3 are, not, doing

4 Are, crying

5 Is, talking

6 Were, listening

해석

1 나는 그 당시에 커피를 마시고 있지 않았다.

2 Sandy는 지금 경기장에서 말을 타고 있지 않다.

3 Emily와 Tom은 지금 자신의 숙제를 하고 있지 않다.

4 너는 지금 울고 있니?

5 너의 어머니께서는 지금 통화 중이시니?

6 그들은 그때 그의 말을 듣고 있었니?

해설

1~3 주어와 시제에 맞춰 'be동사 + not + V-ing'의 부정문 완성

4~6 주어와 시제에 맞춰 'be동사 + 주어 + V-ing?'의 의문문 완성

1 isn't living   2 are not taking

3 were not learning   4 Are you talking

5 Was he looking for

해석

1 Mona는 지금 파리에서 자신의 여동생과 살고 있지 않다.

2 그들은 지금 휴가를 보내고 있지 않다.

3 우리는 그 당시에 체육관에서 요가를 배우고 있지 않았다.

4 너는 지금 내게 말하는 중이니?

5 그는 그 당시에 자신의 교과서를 찾는 중이었니?

해설

1~3 주어와 시제에 맞춰 'be동사 + not + V-ing'의 부정문으로 변경

4~5 주어와 시제에 맞춰 'be동사 + 주어 + V-ing?'의 의문문으로 변경

STEP 3

1 She is not[isn't] watching TV now.

 Is she watching TV now?

2 They are not[aren't] playing badminton now.

 Are they playing badminton now?

3 The elevator was not[wasn't] working at 7 last Tuesday.

 Was the elevator working at 7 last Tuesday?

해석

1 그녀는 지금 TV를 보고 있다.

 → 그녀는 지금 TV를 보고 있지 않다.

 → 그녀는 지금 TV를 보고 있니?

2 그들은 지금 배드민턴을 하고 있다.

 → 그들은 지금 배드민턴을 하고 있지 않다.

 → 그들은 지금 배드민턴을 하고 있니?

3 엘리베이터는 지난 화요일에 7시에 작동하고 있었다.

 → 엘리베이터는 지난 화요일 7시에 작동하고 있지 않았다.

 → 엘리베이터는 지난 화요일 7시에 작동하고 있었니?

해설

1~3 진행시제의 부정문: be동사 + not + V-ing

 진행시제의 의문문: be동사 + 주어 + V-ing?

STEP 4

1 She is not wearing glasses

2 They are not using computers

3 Jason was not shopping

4 We were not studying science

5 Is Sally making a Caesar salad

6 Are they exercising in the gym

해설

1~4 '주어 + be동사 + not + V-ing'의 어순으로 배열

5~6 'be동사 + 주어 + V-ing?'의 어순으로 배열

STEP 5

1 I, am, not, doing

2 She, is, not, preparing

3 We, were, not, playing

4 Is, he, bothering

5 Was, the, baby, smiling,

해설

1~3 주어와 시제에 맞춰 'be동사 + not + V-ing'의 부정문 완성

4~5 주어와 시제에 맞춰 'Be동사 + 주어 + V-ing?'의 부정문 완성

도전! 만점! 주둥 내신 단답형&서술형   p.053

1 was

2 went

3 Were[were]

4 didn't

5 (1) am (2) were

6 (1) She was not[wasn't] in the classroom.

 (2) Was she in the classroom?

7 (1) They did not[didn't] meet Judy at the bank yesterday.

 (2) Did they meet Judy at the bank yesterday?

8 Is, making, is, reading

9 Were, washing, was, taking, out

10 am going

11 My baby sister took a nap for a long time.

12 Did you have a great time in Bali?

13 Esther is drawing a picture on a canvas now.

14 Was your brother wearing glasses at that time?

15 She was not sick yesterday.

16 Did he eat ice-cream?

17 I am helping my mother now.

18 He was not listening to music at that time.

19 ① called ② left

20 she was doing her homework at my house.

해석 & 해설

1

지금은 오후 5시다.

→ 한 시간 전에는 오후 5시였다.

is의 과거형은 was

2

그녀는 일주일에 두 번 도서관에 간다.

→ 그녀는 어제 도서관에 갔다.

go의 과거형은 went

3

· 그들은 한 시간 전에 커피를 마시고 있었다.

· 너는 어제 7시에 그 쇼를 보고 있었니?

과거진행형: was/were + V-ing

과거진행형의 의문문: Was/Were + V-ing

주어가 3인칭 단수가 아니므로 be동사는 were

4

· 그녀는 어제 학교 버스를 타지 않았다.

· Matt과 Sandy는 지난 금요일에 파티에 가지 않았다.

일반동사의 과거시제 부정문: 주어 + didn't + 동사원형

5

(1) 나는 이번 학기에 4개의 과목을 수강하고 있어.

(2) 그들은 어제 5시에 버스 정거장에서 서 있었다.

(1) 현재진행형(am/are/is + V-ing)에서 주어가 I이므로 am

(2) 과거진행형(was/were + V-ing)에서 주어가 they이므로 were

6

그녀는 교실에 있었다.

(1) 그녀는 교실에 없었다.

(2) 그녀는 교실에 있었니?

(1) be동사의 과거시제 부정문: 주어 + was/were + not

(2) be동사의 과거시제 의문문: Was/Were + 주어 + ~?

7

그들은 어제 은행에서 Judy를 만났다.

(1) 그들은 어제 은행에서 Judy를 만나지 않았다.

(2) 그들은 어제 은행에서 Judy를 만났니?

(1) 일반동사의 과거시제 부정문: 주어 + didn't + 동사원형

(2) 일반동사의 과거시제 의문문: Did + 주어 + 동사원형 + ~?

8

A: 너의 엄마는 지금 아침 식사를 차리는 중이시니?

B: 아니. 그렇지 않아. 그녀는 지금 신문을 읽고 계셔.

현재진행형의 의문문: Am/Are/Is + 주어 + V-ing?

현재진행형: 주어 + am/are/is + V-ing

주어가 3인칭 단수(your mother = she)이므로 be동사는 is

9

A: 니는 그때 설거지하고 있었니?

B: 아니. 그렇지 않아. 나는 쓰레기를 버리고 있었어.

과거진행형의 의문문: Was/Were + 주어 + V-ing?

과거진행형: 주어 + was/were + V-ing

주어가 2인칭 단수(you)이므로 be동사는 were

10

A: 너는 지금 어디 가?

B: 나는 슈퍼마켓에 가고 있어. 나는 간식을 사고 싶어.

현재진행형: 주어 + am/are/is + V-ing

주어가 I이므로 be동사는 am

11

'주어 + 동사의 과거형'의 어순으로 배열

12

'Did + 주어 + 동사원형 + ~?'의 어순으로 배열

13

'주어 + am/are/is + V-ing'의 어순으로 배열

14

'Was/Were + 주어 + V-ing + ~?'의 어순으로 배열

15

be동사의 과거시제 부정문: 주어 + was/were + not

주어 she는 3인칭 단수이므로 be동사는 was

16

일반동사의 과거시제 의문문: Did + 주어 + 동사원형 + ~?

17

현재진행형: 주어 + am/are/is + V-ing

주어가 I이므로 be동사는 am

18

과거진행형의 부정문: 주어 + was/were + not + V-ing

주어가 he이므로 be동사는 was

19~20

Dana: 안녕. Leslie. 너는 Eunice를 봤니?

Leslie: 응. 그래.

Dana: 정말? 내가 오후 7시에 그녀에게 전화를 했는데 그녀는 집에 없었어.

Leslie: 그 당시에 그녀는 우리 집에서 숙제를 하고 있었어. 그녀는 오후 8시에 떠났어.

Dana: 아. 고마워.

19

① call의 과거형은 called

② leave의 과거형은 left

20

과거진행형: 주어 + was/were + V-ing

주어가 3인칭 단수이므로 be동사는 was

Chapter 3 조동사

Unit 1 can p.056

Check-up 1

1 lift	2 play	3 find
4 rent	5 be	6 help

해석

1 그는 그 무거운 상자를 들어 올릴 수 있다.
2 Ella는 바이올린을 연주할 수 있다.
3 나는 극장에서 출구를 찾을 수가 없다.
4 그들은 이번 주에 차를 빌릴 수 없다.
5 너는 내 친구가 되어줄 수 있니?
6 너의 여동생은 내가 숙제하는 것을 도울 수 있니?

해설

1~6 can 뒤에 오는 동사는 원형이어야 함

Check-up 2

1 can't, solve	2 can't, take
3 can't, ride	4 can't see

해석

1 James는 그 문제를 쉽게 풀 수 있다.
2 너는 잠깐 낮잠을 자도 된다.
3 그는 오토바이를 탈 수 있다.
4 나는 바로 지금 달을 볼 수 있다.

해설

1~4 can + not = can't

STEP 1

1 Can, call	2 Can, fix
3 Can, ride	4 Can, see

해석

1 너는 나를 위해 택시를 불러 줄 수 있다.
   → 너는 나를 위해 택시를 불러 줄 수 있니?
2 그는 낡은 냉장고를 수리할 수 있다.
   → 그는 낡은 냉장고를 수리할 수 있니?
3 Molly는 인라인스케이트를 탈 수 있다.
   → Molly는 인라인스케이트를 탈 수 있나요?
4 그들은 오늘 밤에 불꽃놀이를 볼 수 있다.
   → 그들은 오늘 밤에 불꽃놀이를 볼 수 있나요?

해설

1~4 can의 의문문: Can + 주어 + 동사원형~?

STEP 2

1 can't, find	2 Can, write
3 couldn't, answer	

해설

1 can't + 동사원형
2 Can + 주어 + 동사원형~?
3 can의 과거형은 could, couldn't + 동사원형

STEP 3

1 He cannot[can't] finish the work alone.
  Can he finish the work alone?
2 We cannot[can't] eat out tonight.
  Can we eat out tonight?
3 She cannot[can't] use her laptop computer.
  Can she use her laptop computer?

해석

1 그는 혼자서 그 일을 마칠 수 있다.
   → 그는 혼자서 그 일을 마칠 수 없다.
   → 그는 혼자서 그 일을 마칠 수 있니?
2 우리는 오늘 밤에 외식을 할 수 있다.
   → 우리는 오늘 밤에 외식을 할 수 없다.
   → 우리는 오늘 밤에 외식을 할 수 있니?
3 그녀는 자신의 노트북 컴퓨터를 써도 된다.
   → 그녀는 자신의 노트북 컴퓨터를 쓰면 안 된다.
   → 그녀는 자신의 노트북 컴퓨터를 써도 되니?

해설

1~3 can의 부정문: cannot[can't] + 동사원형
   can의 의문문: Can + 주어 + 동사원형~?

STEP 4

1 I can climb up the tree.
2 My sister can't reach the top shelf.
3 Robin could skate on the frozen lake
4 Can you hold your breath for a minute?
5 Can Dorothy read Japanese?

해설

1 '주어 + can + 동사원형'의 어순으로 배열
2 '주어 + can't + 동사원형'의 어순으로 배열
3 '주어 + could + 동사원형'의 어순으로 배열
4~5 'Can + 주어 + 동사원형~?'의 어순으로 배열

1 Mark can swim very fast.
2 You can borrow my notebook.
3 He can't join the English camp this summer.
4 I could catch the train on time.
5 Can she remember my name?
6 Can you draw a sheep?

해설

1~2 '주어 + can + 동사원형'의 어순으로 문장 완성

3 '주어 + can't + 동사원형'의 어순으로 문장 완성

4 '주어 + could + 동사원형'의 어순으로 문장 완성

5~6 'Can + 주어 + 동사원형~?'의 어순으로 문장 완성

Unit 2 will / be going to _____ p.059

Check-up 1

| 1 | be | 2 | go | 3 | eat | 4 | study |

해석

1 나는 11시까지 돌아올게.
2 그녀는 다음 4월에 런던으로 갈 것이다.
3 John은 아침 식사로 샐러드를 먹을 것이다.
4 Bella와 나는 밤새워 공부할 것이다.

해설

1~2 will + 동사원형

3~4 be동사 + going to + 동사원형

Check-up 2

| 1 | will not take | 2 | will not come |
| 3 | are not going to | 4 | am not going to |

해석

1 그들은 내일 영어 시험을 볼 것이다.
2 Emily는 이번 주말에 집에 올 것이다.
3 우리는 이번 일요일에 해변에 갈 것이다.
4 나는 이번 여름에 그리스로 여행할 것이다.

해설

1~2 will의 부정문: will + not + 동사원형

3~4 be going to의 부정문: be동사 + not + going to + 동사원형

| 1 | Will, come | 2 | Will, go |
| 3 | Is, going, to, rain | 4 | Are, going, to, attend |

해석

1 그녀는 파티에 올 것이다.
  → 그녀가 파티에 올 것이니?
2 그들은 오늘 밤에 영화관에 갈 것이다.
  → 그들은 오늘 밤에 영화관에 갈 것이니?
3 오늘 비가 내릴 예정이다.
  → 오늘 비가 내일 예정이니?
4 그들은 그 회의에 참석할 예정이다.
  → 그들은 그 회의에 참석할 예정이니?

해설

1~2 will의 의문문: Will + 주어 + 동사원형 ~?

3~4 be going to의 의문문: Be동사 + 주어 + going to + 동사원형 ~?

1 won't, go
2 Will, make
3 Are, going, to, move

해설

1 will의 부정문: will not [won't] + 동사원형

2 will의 의문문: Will + 주어 + 동사원형 ~?

3 be going to의 의문문: Be동사 + 주어 + going to + 동사원형 ~?

1 They will not[won't] tell you the truth.
  Will they tell you the truth?
2 Max is not[isn't] going to sell his car.
  Is Max going to sell his car?
3 Jenny is not[isn't] going to call again tonight.
  Is Jenny going to call again tonight?

해석

1 그들은 너에게 진실을 말할 것이다.
  → 그들은 너에게 진실을 말하지 않을 것이다.
  → 그들은 너에게 진실을 말할 것이니?
2 Max는 그의 자동차를 팔 예정이다.
  → Max는 그의 자동차를 팔 예정이 아니다.
  → Max는 그의 자동차를 팔 예정이니?

3 Jenny는 오늘 밤에 다시 전화할 예정이다.
  → Jenny는 오늘 밤에 다시 전화할 예정이 아니다.

→ Jenny는 오늘 밤에 다시 전화할 예정이니?

해설

1 will의 부정문: will+not+동사원형

   will의 의문문: Will+주어+동사원형+?

2~3 be going to의 부정문: be동사+not+going to+동사원형
   be going to의 의문문: be동사+주어+going to+동사원형+?

Unit 3 may _____ p.062

STEP 4

1 Nick will buy the tickets
2 My grandmother won't bring her dog.
3 Will you have dinner
4 They are going to clean
5 Martin is not going to do the laundry
6 Is he going to learn

해설

1 '주어+will+동사원형'의 어순으로 배열
2 '주어+won't+동사원형'의 어순으로 배열
3 'Will+주어+동사원형+~?'의 어순으로 배열
4 '주어+be going to+동사원형'의 어순으로 배열
5 'be동사+not+going to+동사원형'의 어순으로 배열
6 'be동사+주어+going to+동사원형+~?'의 어순으로 배열

STEP 5

1 I, will, take, some, pictures
2 She, won't, study
3 Will, you, be, at, home
4 Are, they, going, to, paint
5 Is, your, uncle, going, to, arrive

해설

1 '주어+will+동사원형'의 어순으로 문장 완성
2 '주어+won't+동사원형'의 어순으로 문장 완성
3 'Will+주어+동사원형+~?'의 어순으로 문장 완성
4~5 'Be동사+주어+going to+동사원형+~?'의 어순으로
   문장 완성

Unit 3 may

Check-up 1

| 1 | be | 2 | take |
| 3 | answer | 4 | have |

해석

1 그것은 사실일지도 모른다.
2 너는 나의 우산을 가지고 가도 된다.
3 그는 나의 전화를 안 받을지도 모른다.
4 제가 당신의 사인을 받을 수 있나요?

해설

1~4 may 뒤에 오는 동사는 원형이어야 함

Check-up 2

1	may, watch	2	may, go
3	may, be	4	may, snow
5	may, arrive		

해설

1~5 may는 '~해도 된다'와 '~일지도 모른다'의 의미로 쓰이며 동사원형이 뒤따름

STEP 1

| 1 | may not pass | 2 | may not come |
| 3 | may not remember | 4 | may not miss |

해석

1 그는 시험을 통과할지도 모른다.
   → 그는 시험을 통과하지 못할지도 모른다.
2 그들은 오늘 올지도 모른다.
   → 그들은 오늘 오지 못할지도 모른다.
3 그녀는 나의 이름을 기억할지도 모른다.
   → 그녀는 나의 이름을 기억하지 못할지도 모른다.
4 우리는 우리의 기차를 놓칠지도 모른다.
   → 우리는 우리의 기차를 놓치지 않을지도 모른다.

해설

1~4 may의 부정문: may+not+동사원형

STEP 2

| 1 | May, leave | 2 | May, borrow |
| 3 | May, play | 4 | May, park |

해석

1 너는 지금 식탁을 떠나도 된다.
   → 제가 지금 식탁을 떠나도 되나요?

2 너는 이 컴퓨터를 빌려도 된다.

→ 제가 지금 이 컴퓨터를 빌려도 되나요?

3 너는 방과 후에 축구를 해도 된다.

→ 제가 방과 후에 축구를 해도 되나요?

4 너는 여기에 주차해도 된다.

→ 제가 여기에서 주차해도 되나요?

해설

1~4 may의 의문문: May + 주어 + 동사원형~?

STEP 3

1 may, eat 　　　　　2 may, not, sit

3 May, I, use 　　　　4 May, I, read

해설

1 may + 동사원형

2 may + not + 동사원형

3~4 May + 주어 + 동사원형~?

STEP 4

1 You may stay here

2 My father may go fishing

3 Amy may not be a band member.

4 She may not go hiking

5 May I try on these jeans?

6 May I have some information

해설

1~2 '주어 + may + 동사원형'의 어순으로 단어 배열

3~4 '주어 + may + not + 동사원형'의 어순으로 단어 배열

5~6 'May + 주어 + 동사원형~?'의 어순으로 단어 배열

STEP 5

1 She, may, bring, some, cookies

2 Lisa, may, not, join, our, club

3 This, book, may, not, be, fun

4 May, I, have, a, receipt

5 May, I, see, your, ID, card

해설

1 '주어 + may + 동사원형'의 어순으로 문장 완성

2~3 '주어 + may + not + 동사원형'의 어순으로 문장 완성

4~5 'May + 주어 + 동사원형~?'의 어순으로 문장 완성

Unit 4 must / have to _____

Check-up 1

1 ~임에 틀림없다 　　2 해야 한다 　　　3 해야 한다

해석

1 Andy는 배고픈 것이 틀림없다.

2 모든 학생은 9시까지 학교에 와야 한다.

3 너는 규칙을 따라야 한다.

해설

1~2 must는 '~해야 한다'와 '~임에 틀림없다'라는 의미가 있어 문맥에 맞게 해설 필요

3 have to: ~해야 한다

Check-up 2

1 must, stop 　　　　2 must, wear

3 must, be 　　　　　4 has, to, go

5 have, to, listen

해설

1~3 must + 동사원형: ~해야 한다, ~임에 틀림없다

4~5 have/has to + 동사원형: ~해야 한다

STEP 1

1 must not stay

2 must not cancel

3 don't have to have

4 doesn't have to bring

해석

1 너는 집에서 머물러야 한다.

→ 너는 집에서 머무르면 안 된다.

2 그는 그 축구 경기를 취소해야 한다.

→ 그는 그 축구 경기를 취소하면 안 된다.

3 너는 교과서를 가지고 있어야 한다.

→ 너는 교과서를 가지고 있을 필요가 없다.

4 그녀는 카메라를 가지고 와야 한다.

→ 그녀는 카메라를 가지고 있을 필요가 없다.

해설

1~2 must의 부정문: must + not + 동사원형

3~4 have to의 부정문: don't/doesn't + have to + 동사원형

STEP 2

1 must, not 　　　　　2 must, not

3 don't, have, to 　　4 don't, have, to

해설

1~2 must + not + 동사원형: ~하면 안 된다

3~4 don't/doesn't + have to + 동사원형: ~할 필요가 없다

STEP 3

1 must, pay, attention
2 must, not, bring
3 have, to, have
4 doesn't, have, to, read

해설

1 must + 동사원형: ~해야 한다
2 must + not + 동사원형: ~하면 안 된다
3 have/has to + 동사원형: ~해야 한다
4 don't/doesn't + have to + 동사원형: ~할 필요가 없다

STEP 4

1 She must return the book to the library
2 There must be something wrong.
3 You must not open the box.
4 We must not throw away trash
5 I don't have to buy a new notebook.
6 He doesn't have to wake up early.

해설

1~2 '주어 + must + 동사원형'의 어순으로 배열

3~4 '주어 + must + not + 동사원형'의 어순으로 배열

5~6 'don't/doesn't + have to + 동사원형'의 어순으로 배열

STEP 5

1 Jane, must, be, sick
2 You, must, open, a, bank, account
3 You, must, not, tell, a, lie
4 Jack, has, to, fix, his, car
5 My, mother, doesn't, have, to, work

해설

1~2 '주어 + must + 동사원형'의 어순으로 문장 완성

3 '주어 + must + not + 동사원형'의 어순으로 문장 완성

4 '주어 + have/has to + 동사원형'의 어순으로 문장 완성

5 'don't/doesn't + have to + 동사원형'의 어순으로 문장 완성

Check-up 1

1 be   2 take   3 go   4 read

해석

1 너는 박물관에서 조용히 해야 한다.
2 나의 아버지는 휴식을 취하셔야 한다.
3 너는 밖에 나가면 안 된다.
4 나는 많은 책을 읽어야 하니?

해설

1~4 should + 동사원형

Check-up 2

1 should, listen, to   2 should, wash
3 should, go   4 should, turn
5 should, respect

해설

1~5 should + 동사원형: ~해야 한다

STEP 1

1 should, not, leave   2 should, not, drive
3 should, not, lock   4 should, not, call

해석

1 너는 너의 가방들을 여기에 두어야 한다.
  → 너는 너의 가방을 여기에 두면 안 된다.
2 그는 천천히 운전해야 한다.
  → 그는 천천히 운전하면 안 된다.
3 너는 안전을 위해 문을 잠가야 한다.
  → 너는 안전을 위해 문을 잠그면 안 된다.
4 나는 오늘 밤에 그녀에게 전화해야 한다.
  → 나는 오늘 밤에 그녀에게 전화하면 안 된다.

해설

1~4 should의 부정문: should + not + 동사원형

STEP 2

1 Should, trust   2 Should, buy
3 Should, cancel   4 Should, bring

해석

1 Ann은 그를 믿어야 한다.
  → Ann은 그를 믿어야 하니?
2 그들은 그 책을 사야 한다.
  → 그들은 그 책을 사야 하니?

3 나는 그 회의를 취소해야 한다.

   → 내가 그 회의를 취소해야 하니?

4 우리는 우리의 점심을 가지고 와야 한다.

   → 우리는 우리의 점심을 가지고 와야 하니?

해설

1~4 should의 의문문: Should + 주어 + 동사원형 + ~?

STEP 3

1 should, pay, attention   2 shouldn't, drink

3 Should, I, call   4 Should, I, wear

해설

1 should + 동사원형: ~해야 한다

2 should not[shouldn't] + 동사원형: ~하면 안 된다

3~4 Should + 주어 + 동사원형 + ~?: ~해야 합니까?

STEP 4

1 You should not ride a motorcycle

2 She shouldn't eat sweets.

3 We should not make a noise.

4 Should we book a ticket?

5 Should I pay now?

해설

1~3 '주어 + shouldn't + 동사원형'의 어순으로 배열

4~5 'Should + 주어 + 동사원형 + ~?'의 어순으로 배열

STEP 5

1 He should wear a thick coat.

2 We should wash our hands before meals.

3 I should work out every day.

4 You should not waste your time.

5 They should not be late for school.

6 Should I eat more vegetables?

해설

1~3 '주어 + should + 동사원형'의 어순으로 문장 작성

4~5 '주어 + shouldn't + 동사원형'의 어순으로 문장 작성

6 'Should + 주어 + 동사원형 + ~?'의 어순으로 문장 작성

도전! 만점! 중등 내신 단답형&서술형

1 She cannot[can't] bake some cookies.

2 May I have a seat?

3 Should we stop at the red light?

4 must stop

5 must not use

6 May I borrow your notebook?

7 I am going to visit my grandfather.

8 you should drive slowly.

9 can, can't

10 can, can't

11 It may be cold at night.

12 Will Daisy get a haircut tomorrow?

13 Every passenger has to wear a seat belt.

14 You don't have to worry about the test.

15 You should wear a swimming cap in the pool.

16 The baby cannot[can't] eat ice-cream.

17 She may help me with my math homework.

18 Are you going to sing at the party?

19 ① be ② come

20 Will you go to the library this evening?

해석 & 해설

1

그녀는 쿠키를 구울 수 없다.

can의 부정문: cannot[can't] + 동사원형

2

너는 자리에 앉아도 된다.

→ 제가 자리에 앉아도 됩니까?

may의 의문문: May + 주어 + 동사원형 + ~?

3

우리는 빨간불에서 멈춰야 한다.

→ 우리는 빨간불에서 멈춰야 합니까?

should의 의문문: Should + 주어 + 동사원형 + ~?

4~5

당신은 여기에서 흡연을 하면 안 됩니다.

4

당신은 이 표지판에서 멈춰야 합니다.

must + 동사원형: ~해야 한다

5

당신은 여기에서 자신의 스마트폰을 사용하면 안 됩니다.

must + not + 동사원형: ~하면 안 된다

6

may의 의문문: May + 주어 + 동사원형 + ~?

7

A: 너는 너의 휴가에 대한 계획이 있니?

B: 응. 나는 할아버지를 방문할 거야?

be동사 + going to + 동사원형: ~할 것이다

주어가 I이므로 be동사는 am

8

A: 내가 여기서 빨리 운전해도 되니?

B: 아니. 너는 천천히 운전해야 해.

　아이들이 이 주변에서 놀고 있어.

should + 동사원형: ~해야 한다

9

Emily는 자전거를 탈 수 있지만, 그녀는 스페인어를 못 한다.

can + 동사원형: ~할 수 있다

can't + 동사원형: ~할 수 없다

10

Tom은 스페인어를 할 수 있지만, 그는 자전거를 탈 수 없다.

can + 동사원형: ~할 수 있다

can't + 동사원형: ~할 수 없다

11

'주어 + may + 동사원형'의 어순으로 배열

12

'Will + 주어 + 동사원형 + ~?'의 어순으로 배열

13

'주어 + has/have to + 동사원형'의 어순으로 배열

14

'주어 + don't/doesn't + have to + 동사원형'의 어순으로 배열

15

'주어 + should + 동사원형'의 어순으로 문장 완성

16

'주어 + can't + 동사원형'의 어순으로 문장 완성

17

'주어 + may + 동사원형'의 어순으로 문장 완성

18

'Be동사 + 주어 + going to + 동사원형 + ~?'의 어순으로 문장 완성

19~20

Brian: Nancy야, 안녕. 너는 오늘 저녁에 도서관에 갈 거니?

Nancy: 아니. 그렇지 않아. 나는 집에 있을 거야. 내가 비디오게임을 사서 오늘 밤에 그 게임을 하고 싶어.

Brian: 내가 너희 집에 가서 같이 게임을 해도 될까?

Nancy: 먼저 우리 부모님께 여쭤봐야 해. 그들이 허락해 주실 수도 있어.

Brian: 정말 그렇게 되길 바란다.

Nancy: 좋아. 나중에 내게 전화해.

19

① will + 동사원형　② Can + 주어 + 동사원형 + ~?

20

'Will + 주어 + 동사원형 + ~?'의 어순으로 문장 완성

Chapter 4 명사와 관사

Unit 1 명사의 종류

p.074

Check-up 1

1	Jake, dog	2	Ben, water
3	chocolate, sweet	4	shoes, hole
5	people, star		

해석

1 Jake는 큰 개 한 마리가 있다.
2 Ben은 찬물을 마신다.
3 초콜릿은 내가 가장 좋아하는 디저트이다.
4 내 신발에 구멍이 하나 났다.
5 사람들은 그 빛나는 별을 바라보았다.

해설

1 Jake–고유명사, dog–보통명사
2 Ben–고유명사, water–물질명사
3 chocolate–물질명사, sweet–물질명사
4 shoes–보통명사, hole–보통명사
5 people–집합명사, star–보통명사

Check-up 2

1 eraser, dollar, child, tree
2 Seoul, homework, furniture, water, information, money

해석

1 지우개, 달러, 아이, 나무
2 서울, 숙제, 가구, 물, 정보, 돈

해설

1 일반적인 사물을 지칭하는 보통명사이므로 셀 수 있음
2 일정한 형태가 없는 물질명사와 장소의 고유한 이름을 나타내는 고유명사, 그리고 추상적인 개념을 나타내는 추상명사는 셀 수 없음

STEP 1

1	peace	2	bird	3	classmate
4	family	5	sand	6	America

해석

1	다리	사슴	쥐	학교	평화
2	소금	파리	새	종이	Green 씨
3	물	설탕	돈	쌀	급우
4	충고	한국	가족	나무	우정
5	장미	펜	복숭아	모래	암소
6	클럽	미국	군대	반	가족

해설

1 peace(평화)는 추상명사로 셀 수 없음
2 bird(새)는 보통명사로 셀 수 있음
3 classmate(급우)는 보통명사로 셀 수 있음
4 family(가족)는 집합명사로 셀 수 있음
5 sand(모래)는 물질명사로 셀 수 없음
6 America(미국)는 고유명사로 셀 수 없음

STEP 2

1	a tiger	2	a computer
3	a rose	4	money
5	milk	6	furniture
7	Boston		

해석

1 나는 동물원에서 호랑이 한 마리를 보았다.
2 그녀는 컴퓨터 한 대를 가지고 있다.
3 Jack은 그녀에게 장미 한 송이를 주었다.
4 우리는 돈이 없다.
5 Jane은 아침에 우유를 마신다.
6 강 씨는 혼자서 가구를 만들었다.
7 나는 다음 휴가에 보스턴을 가고 싶다.

해설

1~3 셀 수 있는 명사는 하나 일 때 앞에 a(n) 필요
4~7 셀 수 없는 명사는 a(n)와 쓸 수 없음

STEP 3

1 His grandparents live in New York.
2 Could you pass me the salt?
3 Can you lend me some money?
4 Tom bought a nice car last month.

해석

1 그의 조부모님은 뉴욕에서 산다.
2 제게 소금을 건네주시겠어요?
3 나에게 돈 좀 빌려줄 수 있니?
4 Tom은 지난달에 좋은 차를 한 대 샀다.

해설

1 고유명사는 a(n)와 쓸 수 없음
2~3 물질명사는 복수형 불가
4 a(n) + 보통명사

1 Emily is a teacher from England.
2 Seoul is the capital of Korea
3 Our friendship will last a long time.
4 Asia is a big continent.
5 Newspapers have a lot of information.

해설
1~5 '주어 + 동사 + 보어/목적어'의 어순으로 배열하는데 셀 수 있는
    명사가 하나인 경우, 'a(n) + (형용사) + 명사'의 어순으로 배열

STEP 5

1 My uncle has a cat.
2 He has a lot of homework
3 She has lots of knowledge
4 They went to Italy in April last year.
5 Robin found a coin

해설
1 a(n) + 보통명사(cat)
2 추상명사(homework)는 셀 수 없음
3 추상명사(knowledge)는 셀 수 없음
4 고유명사(Italy)는 셀 수 없음
5 a(n) + 보통명사(coin)

Unit 2 셀 수 있는 명사의 복수형 _____ p.077

Check-up

1 bags	2 apples	3 days
4 ideas	5 desks	6 potatoes
7 buses	8 boxes	9 tomatoes
10 dishes	11 babies	12 cities
13 boys	14 keys	15 monkeys
16 toys	17 leaves	18 wolves
19 knives	20 wives	21 men
22 children	23 teeth	24 mice

해석

1 가방(들)	2 사과(들)
3 날(들)	4 생각(들)
5 책상(들)	6 감자(들)
7 버스(들)	8 박스(들)
9 토마토(들)	10 접시(들)
11 아기(들)	12 도시(들)

13 소년(들)	14 열쇠(들)
15 원숭이(들)	16 장난감(들)
17 이파리(들)	18 늑대(들)
19 칼(들)	20 아내(들)
21 남자(들)	22 아이(들)
23 치아(들)	24 쥐(들)

해설
1~5 대부분의 명사: + -s
6~10 -(s)s, -ch, -sh, -x, -o로 끝나는 명사: + -es
11~12 「자음 + y」로 끝나는 명사: y → + -ies
13~16 「모음 + y」로 끝나는 명사: + -s
17~20 -f(e)로 끝나는 명사: -f(e) → -ves
21~27 불규칙 변화 명사

STEP 1

1 benches	2 bedrooms	3 children
4 knives	5 feet	

해석
1 그 공원에는 세 개의 벤치가 있다.
2 그 집에는 두 개의 침실이 있다.
3 Johnson 부부는 다섯 명의 자녀가 있다.
4 너는 저 칼들을 다룰 때 조심해야 한다.
5 이 신발을 신으면 나의 발이 아프다.

해설
1 -(s)s, -ch, -sh, -x, -o로 끝나는 명사: + -es
2 대부분의 명사: + -s
3, 5 불규칙 변화 명사
4 -f(e)로 끝나는 명사: -f(e) → -ves

STEP 2

1 leaves	2 deer	3 stories

해설
1 -f(e)로 끝나는 명사: -f(e) → -ves
2 단수형과 복수형이 같은 명사
3 「자음 + y」로 끝나는 명사: y → + -ies

STEP 3

1 a, book, two, books
2 a, box, three, boxes
3 a, sandwich, two, sandwiches
4 a, doctor, doctors

해설

1, 4 대부분의 명사: + -s

2~3 –(s)s, -ch, -sh, -x, -o로 끝나는 명사: + -es

STEP 4

1 Two women were sitting
2 We took lots of photos
3 Sheep are eating grass
4 I exercise five days a week.
5 There are twelve geese on my grandfather's farm.

해설

1~5 '주어 + 동사 + 목적어/부사구'의 어순으로 배열하는데 '~가 있다'
라는 표현을 할 경우, 'there + is/are + 주어'으로 배열

STEP 5

1 I saw three mice
2 Daisy has two pianos
3 The roofs are covered
4 Geese fly south
5 Two tomatoes are in the basket.
   / There are two tomatoes in the basket.

해설

1, 4 불규칙 변화 명사

2 piano는 -o로 끝나지만, 예외적으로 -es가 아닌 -s 추가

3 roof는 -f(e)로 끝나지만, 예외적으로 -ves가 아닌 -s 추가

5 -(s)s, -ch, -sh, -x, -o로 끝나는 명사: + -es

Unit 3 셀 수 없는 명사의 수량 표현 _____ p.080

Check-up 1

1	bottles	2	bowl
3	cup	4	loaves

해석

1 그녀는 주스 세 병을 샀다.
2 나는 저녁으로 치킨 수프 한 그릇을 먹었다.
3 그는 나에게 커피 한 잔을 주었다.
4 Tony는 빵 두 덩어리를 먹었다.

해설

1 bottle(병)은 셀 수 있으므로 여러 개일 때 복수형을 씀
2 soup(수프)를 담는 용기는 bowl(그릇)
3 cup(잔)은 셀 수 있으므로 하나 일 때 앞에 a 추가
4 loaf(덩어리)는 셀 수 있으므로 여러 개일 때 복수형을 씀

Check-up 2

1 pounds of flour
2 glasses of water
3 bottles of milk
4 pieces of furniture
5 bowls of rice

해석

1 밀가루 1파운드 → 밀가루 6파운드
2 물 한 잔 → 물 세 잔
3 우유 한 병 → 우유 두 병
4 가구 한 점 → 가구 여덟 점
5 밥 한 그릇 → 밥 네 그릇

해설

1~5 셀 수 없는 명사는 담는 용기나 계량 단위로 수량을 표현하는데, 그
용기나 단위가 여러 개일 경우 –s를 추가하여 복수형으로 써야 함

STEP 1

1 three, pieces, of
2 four, slices, of
3 two, cups, of
4 a, bowl, of

해설

1~4 셀 수 없는 명사를 담는 용기나 계량 단위가 여러 개일 경우 –s를
추가하여 복수형으로 써야 함

STEP 2

1 three, pieces, of, pizza
2 two, bowls, of, rice
3 two, slices, of, ham
4 five, glasses, of, water

해설

1~5 셀 수 없는 명사를 담는 용기나 계량 단위가 여러 개일 경우 –s를
추가하여 복수형으로 써야 함

STEP 3

1 bowls of salad
2 pounds of sugar
3 pair of shoes
4 glass of water
5 pieces of furniture

해석

1 나는 샐러드 두 그릇을 먹었다.
2 우리는 설탕 3파운드가 필요해.
3 Julie는 새 신발 한 짝을 샀다.
4 물 한 잔 가져다주시겠어요?
5 우리 방에는 가구 여섯 점이 있다.

해설

1~2 셀 수 없는 명사를 담는 용기나 계량 단위가 여러 개일 경우 −s를 추가하여 복수형으로 써야 함
3 a pair of + 복수명사
4 물질명사는 셀 수 없으므로 복수형이 없음
5 셀 수 없는 명사를 담는 용기나 계량 단위가 여러 개일 경우 −s를 추가하여 복수형으로 써야 함

STEP 4

1 Drink two bottles of water
2 We shared two slices of bread
3 The kid drinks two glasses of milk
4 A glass of orange juice is about 120 kcal.
5 We ate three pieces of cake.

해설

1~6 '주어 + 동사'의 어순으로 배열하는데, 물질명사는 '수 + 용기/단위'가 앞에 나와 수식

STEP 5

1 She took three bottles of water
2 I need a slice of cheese
3 He ate two bowls of warm soup.
4 My mom served two glasses of lemonade.
5 I moved five pieces of furniture

해설

1~5 '주어 + 동사 + 목적어[수 + 용기/단위 + 셀 수 없는 명사]'의 어순으로 배열하는데, 담는 용기나 계량 단위가 여러 개일 경우 −s를 추가하여 복수형으로 써야 함

Unit 4 부정관사 a(n)와 정관사 the   p.083

Check-up 1

1 a	2 a	3 a
4 an	5 an	

해석

1 그는 축구선수이다.
2 너는 좋은 생각이 있니?
3 로마는 하루아침에 이루어지지 않았다.
4 Sam은 우산을 하나 샀다.
5 Moore 선생님은 영어 선생님이시다.

해설

1~3 a + 첫 발음이 자음인 단어
4~5 an + 첫 발음이 모음인 단어

Check-up 2

1 the	2 The	3 The

해석

1 나는 매일 첼로를 연주한다.
2 태양은 하늘에서 빛난다.
3 나는 그 파티에서 한 소녀를 만났다. 그 소녀는 친절했다.

해설

1 the + 악기
2 the + 세상에 하나밖에 없는 것
3 the + 이미 언급되거나 알고 있는 것

STEP 1

1 a, word	2 a, day
3 a, year	4 a, pretty, dress

해설

1 하나의(= one)
2~3 ~마다(= per)
4 하나의(= one)

STEP 2

1 the, sunshine	2 the, guitar
3 the, window	4 the, sugar

해설

1 the + 세상에 하나밖에 없는 것
2 the + 악기
3~4 the + 이미 언급되거나 알고 있는 것

STEP 3

1 O	2 an honest student
3 an exam	4 the piano
5 the third	

해석

1 나는 유니폼을 입지 않는다.
2 그는 정직한 학생이 아니다.
3 우리는 내일 시험 하나를 볼 것이다.
4 그녀는 피아노를 연주할 수 있다.
5 Jack은 3층에 산다.

해설

1 a + 첫 발음이 자음인 단어(uniform [júːnəfɔ̀ːrm])
2 an + 첫 발음이 모음인 단어(honest [ɔ́nist])
3 an + 첫 발음이 모음인 단어(exam [igzǽm])
4 the + 악기
5 the + 서수

STEP 4

1 There is an old house
2 You can download an MP3 file
3 The restaurant was very nice.
4 We go out for dinner once a week.
5 The Statue of Liberty is a symbol of New York.

해설

1~5 주어진 관사를 명사(구) 앞에 놓고 어순에 맞게 배열

STEP 5

1 The girl saw a ladybug
2 They visit the library once a month.
3 The train arrived an hour
4 Nicole wears a uniform
5 turn off the light
6 Sam practices the violin

해설

1 the + 이미 언급되거나 알고 있는 소녀(girl),
   막연한 하나의 무당벌레(one ladybug = a ladybug)
2 the + 이미 언급되거나 알고 있는 도서관(library),
   달마다(per month = a month)
3 the + 이미 언급되거나 알고 있는 기차(train),
   한 시간(one hour = an hour [auər])
4 하나의 교복(one uniform = a uniform)
5 the + 이미 언급되거나 알고 있는 불(light)
6 the + 악기(violin)

Unit 5 관사의 생략

p.086

Check-up

1 X	2 X	3 X	4 X	5 the
6 the	7 a	8 a	9 an	10 X

해석

1 누나와 나는 매주 토요일에 배드민턴을 친다.
2 그는 기차를 타고 여기에 왔다.
3 어떤 사람들은 아침을 먹을 수 없다.
4 그는 수학을 잘한다.
5 저를 위해서 창문 좀 열어주시겠어요?
6 Mary는 학교 축제에서 기타를 연주했다.
7 나는 일주일에 세 번 양치한다.
8 나는 햇볕에 앉아서 책 한 권을 읽었다.
9 그들의 역사 선생님은 정직한 남자다.
10 너는 일본어를 하니?

해설

1 운동이름 → 관사 생략
2 by + 교통수단
3 식사 → 관사 생략
4 과목 이름 → 관사 생략
5 the + 이미 언급되거나 알고 있는 것
6 the + 악기
7 하루에(per day = a day)
8 한 권의 책(one book = a book)
9 한 명의 정직한 사람
   (one honest man = an honest [ɔ́nist] man)
10 언어 → 관사 생략

STEP 1

1 X	2 X	3 X	4 a
5 an	6 the	7 the	

해석

1 Brian은 버스를 타고 학교에 간다.
2 Chris는 과학을 잘한다.
3 그녀는 캐나다에서 대학교에 다닌다.
4 나는 일주일에 한 번 그를 만난다.
5 해변에 노인이 한 명 있다.
6 우리는 학교밴드에서 드럼을 연주한다.
7 날씨가 매우 춥군요. 문 좀 닫아 주시겠어요?

해설

1 by + 교통수단
2 과목 이름 → 관사 생략
3 본래 목적으로 사용된 장소 → 관사 생략

4 마다(per = a(n))

5 막연한 하나(one = a(n)), an + 첫 발음이 모음인 단어

6 the + 악기

7 the + 이미 언급되거나 알고 있는 것

STEP 2

1	tennis	2	lunch
3	the moon	4	by subway
5	French		

해석

1 우리는 매주 토요일에 테니스를 한다.

2 내 여동생과 나는 한 시간 전에 점심을 먹었다.

3 그들은 어제 달을 볼 수 없었다.

4 Mike는 지하철을 타고 여기에 왔다.

5 나는 대학교에서 프랑스어를 공부하고 싶다.

해설

1 운동 이름 → 관사 생략

2 식사 → 관사 생략

3 the + 세상에 하나밖에 없는 것

4 by + 교통수단

5 언어 → 관사 생략

STEP 3

1	by, (air)plane	2	went, to, bed
3	plays, basketball	4	goes, to, school

해설

1 by + 교통수단

2 go to bed: 잠자리에 들다
  본래의 목적으로 사용된 장소 → 관사 생략

3 운동이름 → 관사 생략

4 go to school: (공부하러) 학교에 가다
  본래의 목적으로 사용된 장소 → 관사 생략

STEP 4

1 My favorite subject is English.

2 They play soccer after school.

3 Let's have lunch at the new restaurant.

4 My father goes to work by bus.

5 He traveled around the country by bike.

6 My sister speaks Korean and Japanese.

해설

1~6 '주어 + 동사 + 보어/목적어/부사구'의 어순으로 배열

STEP 5

1 You should not[shouldn't] skip breakfast.

2 I cannot[can't] speak Chinese very well.

3 I will go to bed early tonight.

4 We went to the east coast by train.

5 The family goes to church every Sunday.

해설

1 식사 → 관사 생략

2 언어 → 관사 생략

3 본래 목적으로 사용된 장소 → 관사 생략

4 by + 교통수단 → 관사 생략

5 본래 목적으로 사용된 장소 → 관사 생략

도전! 만점! 중등 내신 단답형&서술형

p.089

1 pens

2 churches

3 money

4 a, piece, of, advice

5 two, bottles, of, water

6 three, bowls, of, salad

7 ① factories ② deer

8 an

9 the

10 a, an, The

11 a, X, the

12 I have an English class today.

13 He takes many photos of babies.

14 She wrote me a letter twice a month.

15 I have a big truck.

16 The kids saw kangaroos at the zoo.

17 She packed four pairs of socks for the trip.

18 The cup on the table is mine.

19 person

20 ① two pieces of paper ② a bottle of water

해석 & 해설

1

책상 위에는 세 개의 펜이 있다.

대부분의 명사 + -s

2

마을에는 두 개의 교회가 있다.

–(s)s, -ch, -sh, -x, -o로 끝나는 명사 + -es

3

그는 돈을 좀 잃었다.

Money(돈)는 물질명사로 셀 수 없음

4

충고를 세는 단위는 piece이고 하나이므로 앞에 a 추가

5

물을 담는 용기는 bottle이고 두 개이므로 복수형으로 씀

6

샐러드를 담는 용기는 bowl이고 세 개이므로 복수형으로 씀

7

(1) 그 회사는 인도에 많은 회사를 가지고 있다.

(2) 아이들은 동물원에서 사슴과 토끼들에게 먹이를 줬다.

(1) 「자음 + y」로 끝나는 명사: y → + -ies

(2) 단수형과 복수형이 같은 명사

8

· 나는 한 시간 전에 나의 개를 산책시켰다.

· 그 가게주인은 나에게 하나의 오렌지를 줬다.

an + 첫 발음이 모음인 단어

9

· 제가 잠깐 창문을 열어놔도 되나요?

· Tyler는 트럼펫 연주하는 것을 싫어한다.

the + 이미 언급되거나 알고 있는 것

the + 악기

10

나는 서울에 있는 한 건물에 살고 있다. 그것은 수영장도 있고 300개의 주차 공간이 있는 지하 주차장을 가지고 있다. 그 주차장은 정말로 크다.

하나의 건물: one[a] building

하나의 지하주차장: one[an] underground parking lot

the + 이미 언급되거나 알고 있는 주차장(parking lot)

11

나는 내 친구 Jack을 좋아한다. 그는 13살이다. 그는 매우 친절하다. 그는 작은 코와 큰 갈색 눈을 갖고 있다. 그는 음악을 좋아한다. 그는 피아노를 매우 잘 칠 수 있다.

하나의 코: one[a] nose

음악(과목 이름) → 관사 생략

the + 악기(piano)

12

'주어 + 동사 + 목적어'의 어순으로 배열

13

'주어 + 동사 + 목적어'의 어순으로 배열

14

'주어 + 동사 + 간접목적어 + 직접목적어'의 어순으로 배열

15

트럭은 셀 수 있는 명사고 막연한 하나를 말하고 있어 관사 a가 big truck 앞에 위치

16

이미 언급되거나 알고 있는 것 앞에 관사 the가 쓰임으로 kid와 zoo 앞에 위치. –s를 추가해 셀 수 있는 명사인 kid를 복수형으로 변경

17

'a pair of + 복수명사'에서 양말 네 켤레이므로 four pairs of socks로 변경

18

탁자 위에 있는 컵은 이미 언급되거나 알고 있는 것으로 앞에 the를 추가하고 전치사구(on the table)은 명사 뒤에서 수식

19~20

Tom: 내가 내일 시험에 무엇을 챙겨 가야 해?

Julia: 음, 각 사람마다 종이 두 장과 펜 하나가 필요하지.

Tom: 무슨 색의 펜이 필요해?

Julia: 검은색으로 된 것.

Tom: 그밖에 다른 것은?

Julia: 시험 동안에 물 한 병을 소지할 수 있어.

Tom: 알겠어. 고마워.

19

each(각각의)는 단수명사를 수식하므로 people의 단수인 person으로 변경

20

① 종이를 세는 단위는 piece이고 두 장이므로 앞에 two를 추가하고 단어에 –s를 붙여 복수형으로 씀

② 물을 담는 용기는 bottle이고 한 병이므로 앞에 a 추가

Chapter 5 대명사

Unit 1 인칭대명사

p.092

Check-up

1	We	2	His	3	Its
4	him	5	They	6	She
7	them	8	it		

해석

1 우리는 쿠키를 좀 먹어도 된다.

2 그의 강의는 어렵지 않다.

3 나는 멋진 자동차를 한 대 샀다. 그것의 색은 파란색이다.

4 우리는 그에 대해서 모른다.

5 저 강아지들을 봐! 그것들은 매우 귀엽다!

6 Mary는 집에 있다. 그녀는 자기의 숙제를 하고 있다.

7 내 선글라스는 새것이다. 나는 지난주에 그것들을 샀다.

8 내 공책을 나에게 돌려줘. 나는 시험 때문에 그것이 필요해.

해설

1 주격 + 동사

2~3 소유격 + 명사

4 전치사 + 목적격

5 those puppies(저 강아지들)의 주격은 they

6 Mary(여자이름)의 주격은 she

7 my sunglasses(내 선글라스)의 목적격은 them

8 my notebook(내 공책)의 목적격은 it

STEP 1

1	He	2	It	3	His
4	them	5	hers		

해석

1 Eric은 훌륭한 가수이다.

→ 그는 훌륭한 가수이다.

2 그 상점은 자정에 문을 닫는다.

→ 그것은 자정에 문을 닫는다.

3 Jake의 친구는 키가 190cm 이상이다.

→ 그의 친구는 키가 190cm 이상이다.

4 나는 지난 주말에 Brian과 Mary를 만나지 않았다.

→ 나는 지난 주말에 그들을 만나지 않았다.

5 이 책은 그녀의 책이 아니다.

→ 이 책은 그녀의 것이 아니다.

해설

1 Eric(남자이름)의 주격은 he

2 the store(그 상점)의 주격은 it

3 Jake(남자이름)의 소유격은 his

4 Brian and Mary처럼 두 명 이상의 목적격은 them

5 소유격(her) + 명사(book) = 소유대명사(hers)

STEP 2

1	She	2	mine
3	us	4	They, their

해설

1 주격 + 동사

2 mine(나의 것)은 I의 소유대명사

3 타동사 + 목적격

4 주격 + 동사, 소유격 + 명사

STEP 3

1 I was looking for you

2 He is excited about his new school life.

3 We are not in our bedroom.

4 They showed him some of their photos.

해석

1 Mary는 너를 찾고 있었다.

→ 나는 너를 찾고 있었다.

2 그녀는 자신의 새 학교생활에 대해 들떠 있다.

→ 그는 자신의 새 학교생활에 대해 들떠 있다.

3 너는 너의 침실에 있지 않다.

→ 우리는 우리의 침실에 있지 않다.

4 나는 그에게 나의 사진 몇 개를 보여주었다.

→ 그들은 그에게 그들의 사진 몇 개를 보여주었다.

해설

1 I 자체가 주격이므로 주어 자리에 그대로 씀

2 he가 주어로 오면서 be동사는 is로 바뀌고 소유격은 his로 바뀜

3 we 자체가 주격이므로 주어 자리에 그대로 쓰고 소유격은 our로 바뀜

4 they 자체가 주격이므로 주어 자리에 그대로 쓰고 소유격은 their로 바뀜

STEP 4

1 We made spaghetti for them.

2 Her parents are very kind to me.

3 My grandmother tells me old stories.

4 He spoke to us about his new project.

5 The big science book is mine.

6 The kitten always follows its mother.

해설

1~5 대명사의 격에 유의하여 '주어 + 동사 + 보어/목적어'의 어순으로 배열

STEP 5

1 We are classmates.
2 Her coach is proud of her.
3 I see him every day.
4 We need your advice.
5 These dirty sneakers are his.

해설

1 주격(we) + 동사
2 소유격(her) + 명사, 전치사(of) + 목적격(her)
3 주격(I) + 동사 + 목적격(him)
4 주격(we) + 동사 + 소유격(your) + 명사
5 these(this의 복수형) + 복수명사, his(그의 것은) he의 소유대명사

Unit 2 비인칭 주어 it _____ p.095

Check-up 1

| 1 a | 2 a | 3 a | 4 b | 5 b |

해석

1 밤에 비가 내렸다.
2 걸어서 5분이 걸린다.
3 여기에서 서울까지의 거리는 50마일이 넘는다.
4 그것은 거대한 돌고래다.
5 그것이 너의 새 재킷이니?

해설

1~3 날씨, 시간, 거리, 요일 등을 나타낼 때 주어 자리에 쓰는 비인칭 주어 it
4~5 3인칭 단수 명사를 대신하는 인칭대명사 it(그것)

Check-up 2

1 (c) It's 6:30.
2 (a) It was Wednesday.
3 (b) It is about three kilometers.

해석

1 지금 몇 시야?
 → 6시 반이야.
2 어제가 무슨 요일이었니?
 → 수요일이었어.

3 너의 집에서 은행까지 얼마나 멀어?
 → 약 3킬로미터 떨어져 있어.

해설

1 시간 관련 질문 → 시간 관련 응답
2 요일 관련 질문 → 요일 관련 응답
3 거리 관련 질문 → 거리 관련 응답

STEP 1

1 하루 종일 비가 내린다.
2 어제는 12월 25일이었다.
3 그것은 아름다운 그림이다.
4 그것은 내 남동생의 줄무늬 셔츠이다.

해설

1~2 날씨와 날짜를 표현할 때는 비인칭 주어 it은 '그것'으로 해석하지 않음
3~4 3인칭 단수 명사를 대신하는 인칭대명사 it이 쓰여 '그것'으로 해석

STEP 2

1 It is[It's] 8:10.
2 It is[It's] October 3rd.
3 It is[It's] Friday.
4 It is[It's] very cold.

해석

1 A: 지금 몇 시야?
 B: 8시 10분이야.
2 A: 오늘 날짜가 뭐야?
 B: 10월 3일이야.
3 A: 오늘 무슨 요일이니?
 B: 금요일이야.
4 A: 오늘 날씨는 어떠니?
 B: 매우 추워.

해설

1~4 시간, 날짜, 요일, 날씨 등을 물어볼 때 비인칭 주어 it으로 답하는데 it is는 it's로 줄여 쓸 수 있음

STEP 3

1 It, is, 11, o'clock
2 It, is, March, 13th
3 It, was, my, birthday
4 It, takes, about, 20, minutes

해설

1~4 비인칭 주어 it으로 시작하여 시제에 맞게 be동사 및 일반동사 take(걸리다)를 쓰는데 it is는 it's로 줄여서 쓸 수 있음

1 It's winter in Korea
2 It's windy outside
3 It's January 19th
4 It is still bright
5 It will take about 30 minutes

해설

1~5 'It + 동사 + 보어/부사'의 어순으로 배열

STEP 5

1 It is[It's] 9 o'clock now.
2 It is[It's] Thursday today.
3 It is[It's] her birthday today.
4 It takes about ten minutes on foot.
5 It gets dark
6 It is[It's] going to snow

해설

1 시간, 요일, 날짜, 거리, 명함, 날씨 등을 표현하기위해 비인칭 주어 it
으로 시작하여 시제에 맞게 be동사 및 일반동사 take(걸리다)를 쓰
고 it is는 it's로 줄여서 쓸 수 있음

Unit 3 지시대명사   p.098

Check-up 1

1 This   2 these   3 That   4 Those

해석

1 이 사람은 나의 언니 Cathy야.
2 나는 어제 이 새로운 안경을 샀다.
3 저것은 내가 가장 좋아하는 인형이다.
4 저 아이들은 내 학생들이다.

해설

1 this/that(지시대명사) + 단수동사
2 these/those(지시형용사) + 복수명사
3 this/that(지시대명사) + 단수동사
4 these/those(지시형용사) + 복수명사

Check-up 2

1 This   2 That
3 These   4 Those

해설

1 this: 이것, 이 사람
2 that: 저것, 저 사람
3 these: 이것들, 이 사람들
4 those: 저것들, 저 사람들

STEP 1

1 these   2 this   3 these
4 that   5 those   6 those

해석

1 A: 이것들이 너의 애완동물이니?
  B: 응. 그래.
2 A: 이것이 좋은 맛이 나니?
  B: 아. 그렇지 않아. 그것은 너무 짜.
3 A: 이 컴퓨터들이 할인 판매 중입니까?
  B: 네. 그렇습니다.
4 A: 저것이 Wendy의 자동차니?
  B: 아니. 그렇지 않아. 그것은 그녀의 오빠 것이야.
5 A: Jack이 저 장난감들을 가지고 왔니?
  B: 응. 그래.
6 A: 하늘에 있는 저 새들을 봐!
  B: 그것들은 북쪽으로 이동하고 있어.

해설

1 these/those(지시대명사) + 복수동사
2 this/that(지시대명사) + 단수동사
3 these/those(지시형용사) + 복수명사
4 this/that(지시대명사) + 단수동사
5~6 these/those(지시형용사) + 복수명사

STEP 2

1 it, isn't   2 it, is   3 they, are

해석

1 A: 저것이 나비니?
  B: 아니. 그렇지 않아. 그것은 무당벌레야.
2 A: 이것이 너의 아버지의 자동차니?
  B: 응. 그래. 그는 지난주에 그것을 샀어.
3 A: 저 스카프들이 너의 어머니 것이니?
  B: 응. 그래.

해설

1~2 this/that으로 물어볼 때 it으로 응답, 부정일 때 be동사 뒤에 not
  추가
3 these/those로 물어 볼 때 they로 응답

1 that, man   2 This, girl
3 Those, backpacks   4 These, books

해설

1~2 this/that(지시형용사) + 단수명사
3~4 these/those(지시형용사) + 복수명사

STEP 4

1 That perfume smells too strong.
2 Look at those people in the waiting room.
3 Are these on sale?
4 I will have this chocolate cake.
5 These socks are cheap.
6 Those bags look heavy.

해설

1 지시형용사 + 명사 + 동사 + 보어
2 동사 + 지시형용사 + 명사 + 부사구 (명령문)
3 be동사 + 지시대명사 + 부사구? (의문문)
4 주어 + 동사 + 지시형용사 + 명사
5~6 지시형용사 + 명사 + 동사 + 보어

STEP 5

1 This is a public place.
2 These are all free.
3 These pants are too tight.
4 These are my grandparents.
5 Those movies are popular.
6 Those are maple trees.

해설

1 this/that(지시대명사) + 단수동사
2 these/those(지시대명사) + 복수동사
3 these/those(지시형용사) + 복수명사
4 these/those(지시대명사) + 복수동사
5 these/those(지시형용사) + 복수명사
6 these/those(지시대명사) + 복수동사

Unit 4 부정대명사 one, another, other　　　　p.101

Check-up

1 one   2 ones
3 ones   4 another
5 One   6 the other
7 another   8 Others

해석

1 이 지하철은 사람들로 꽉 찼다. 다음 것을 기다리자.
2 내 신발은 너무 낡았어. 나는 새것을 원해.
3 너는 너의 더러운 옷을 깨끗한 것들로 바꿔 입는 게 좋을 거야.
4 물 한 잔 더 드릴까요?
5 나는 컴퓨터가 두 대이다. 하나는 노트북컴퓨터이고 나머지는 데스크톱이다.
6 나의 삼촌은 직업이 두 개다. 하나는 의사이고 나머지는 사진사이다.
7 나는 세 개의 케이크를 만들었다. 하나는 나의 부모님을 위한 것이고, 또 다른 하나는 조부모님을 위한 것이고, 나머지는 나의 선생님을 위한 것이다.
8 어떤 정장들은 단추가 두 개고, 다른 정장들은 단추가 세 개다.

해설

1 같은 종류의 불특정한 것 (단수) → one
2~3 같은 종류의 불특정한 것들 (복수) → ones
4 같은 종류의 다른 하나 → another
5 one ~, the other … : (둘 중에서) 하나는 ~, 나머지 하나는 …
6 one ~, the other … : (둘 중에서) 하나는 ~, 나머지 하나는 …
7 one ~, another …, the other ~ : (세 개 중) 하나는 ~, 또 다른 하나는 …, 나머지 하나는 ~
8 some ~, others … : (전체 중) 일부는 ~, 다른 일부는 …

STEP 1

1 one   2 one   3 ones   4 ones

해설

1~2 같은 종류의 불특정한 것 (단수) → one
3~4 같은 종류의 불특정한 것들 (복수) → ones

STEP 2

1 another   2 another
3 another   4 another

해설

1~4 같은 종류의 다른 하나 → another

STEP 3

1 the others
2 One, the other
3 One, another, the other

해설

1 the others ~: 나머지 모두는 ~
2 one ~, the other … : (둘 중에서) 하나는 ~, 나머지 하나는 …
3 one ~, another …, the other ~ : (세 개 중) 하나는 ~, 또 다른 하나는 …, 나머지 하나는 ~

STEP 4

1 Do you have a shorter one?
2 give me another
3 I'll have another piece.
4 Some like jazz, and others like rock music.
5 One is black, another is red, and the other is green.

해설

1 같은 종류의 불특정한 것 (단수) → one
2~3 같은 종류의 다른 하나 → another
4 some ~, others … : (전체 중) 일부는 ~, 다른 일부는 …
5 one ~, another …, the other ~ : (세 개 중) 하나는 ~, 또 다른 하나는 …, 나머지 하나는 ~

STEP 5

1 I want a similar one.
2 I'm going to buy a new one.
3 Can you show me another (one)?
4 One is blue, and the other is black.
5 One is for his friend, and the others are for his sisters.

해설

1~2 같은 종류의 불특정한 것 (단수) → one
3 같은 종류의 다른 하나를 언급할 때 another를 쓰는데 단수 명사를 수식하기도 하므로 뒤에 one이 올 수 있음
4 one ~, the other … : (둘 중에서) 하나는 ~, 나머지 하나는 …
5 one~, the others … : (여러 개 중) 하나는 ~, 나머지 모두는 …

Check-up

1 are	2 are	3 has	4 child
5 students	6 All	7 Both	8 Every

해석

1 우리 모두는 열심히 일하는 근로자들이다.
2 그녀의 아이들 둘 다 여자아이이다.
3 각 나라는 자기만의 관습이 있다.
4 모든 아이들은 학교에 가야 한다.
5 모든 학생들은 수업에 지각하면 안 된다.
6 나의 대답은 모두 틀렸다.
7 그 질문들 둘 다 매우 어려웠다.
8 이 영화의 모든 장면이 아름답다.

해설

1 'all (of) 명사'에서 수의 일치는 all 뒤에 나오는 명사에 따름
2 both (of) + 복수명사 + 복수동사
3 each + 단수명사 + 단수동사
4 every + 단수명사 + 단수동사
5 all 뒤에 셀 수 있는 명사가 나올 경우 복수로 써야 함
6 all (of) + 특정명사[the/소유격 + 명사]
7 both: 둘 다, 양쪽 다
8 every + 단수명사 + 단수동사

STEP 1

1 like		2 are
3 goes, through		4 has, to

해설

1 'all (of) 명사'에서 수의 일치는 all 뒤에 나오는 명사(students)에 따름
2 both (of) + 복수명사 + 복수동사
3 every + 단수명사 + 단수동사
4 each + 단수명사 + 단수동사

STEP 2

1 All, of, them	2 Both, of, them
3 Each, of, us	4 Every, bedroom

해설

1 all of + 목적격
2 both (of) + 복수명사 + 복수동사
3 each of + 복수명사 + 단수동사
4 every + 단수명사 + 단수동사

1 people	2 players	3 want
4 likes	5 calls	6 has

해석

1 우리 마을에 있는 모든 사람들은 친절하다.

2 모든 선수들은 최선을 다해야 한다.

3 우리 누나 둘 다 새 신발을 원한다.

4 우리 학교의 모든 남자아이들은 게임을 좋아한다.

5 모든 학생들은 그를 '정체를 알 수 없는 사람'으로 부른다.

6 그들은 각자 자신만의 책상과 의자를 가지고 있다.

해설

1~2 all 뒤에 셀 수 있는 명사가 나올 경우 복수로 써야 함

3 both (of) + 복수명사 + 복수동사

4~5 every + 단수명사 + 단수동사

6 each of + 복수명사 + 단수동사

STEP 4

1 Both of them are doctors.

2 There are six members on each team.

3 Each of the students has a different talent.

4 Erica goes camping every month.

5 Every student is tested twice a year.

해설

1 both (of) + 복수명사 + 복수동사

2 there is/are: ~가 있다, each + 단수명사

3 each of + 복수명사 + 단수동사

4 every + 단수명사

5 every + 단수명사 + 단수동사

STEP 5

1 All of us go to the same school.

2 All (of) her students are going to learn

3 Both are fine

4 Both of them are eleven years old.

5 I go to church every Sunday.

6 Each of us has a different idea.

해설

1 all of + 목적격, 'all (of) 명사'에서 수의 일치는 all 뒤에 나오는 명사(us)에 따름

2 all (of) + 특정명사[the/소유격 + 명사], all 뒤에 셀 수 있는 명사(student)가 나올 경우 복수로 써야 함

3 both + 복수동사

4 both (of) + 복수명사 + 복수동사

5 every + 단수명사

6 each of + 복수명사 + 단수동사

도전! 만점! 중등 내신 단답형&서술형   p.107

1 He is from Chicago.

2 She visited us in Seoul.

3 This is her car.

4 Every

5 Both

6 All

7 Each

8 He lives with his grandmother.

9 That[This]

10 These[Those]

11 This, computer

12 Those, are

13 one

14 One, the other

15 Some, others

16 One, another, the other

17 It's 3:20 p.m.

18 It's March 11th.

19 It's Friday.

20 It's sunny.

해석 & 해설

1
Mike는 시카고에서 왔다.

→ 그는 시카고에서 왔다.

Mike(남자이름)의 주격은 he

2
그녀는 서울에서 Alex와 나를 만났다.

→ 그녀는 서울에서 우리를 만났다.

'나'와 다른 인칭을 함께 지칭하는 말은 '우리'이므로 '우리'의 목적격은 us

3
이것은 Jane의 자동차이다

→ 이것은 그녀의 자동차이다.

Jane(여자이름)의 소유격은 her

4

every + 단수명사 + 단수동사

5

both (of) + 복수명사 + 복수동사

6

all (of) + 특정명사[the/소유격 + 명사]

7

each of + 복수명사 + 단수동사

8

나는 나의 할머니랑 같이 산다.

→ 그는 그의 할머니랑 같이 산다.

he가 주어로 오면서 일반동사에 –s가 추가되어 바뀌고 소유격은 his로 바뀜

9

저 빨간 자동차는 나의 것이다.

this/that(지시형용사) + 단수명사

10

이 아름다운 꽃들은 좋은 향기가 난다.

these/those(지시형용사) + 복수명사

11

이것은 신형 컴퓨터야.

→ 이 컴퓨터는 신형이야.

this(지시대명사) = this(지시형용사) + 단수명사

12

저 책들은 정말로 재미있다.

→ 저것들은 정말로 재미있는 책들이다.

those(지시대명사) = those(지시형용사) + 복수명사

13

같은 종류의 불특정한 것(단수) → one

14

one ~, the other … : (둘 중에서) 하나는 ~, 나머지 하나는 …

15

some ~, others … : (전체 중) 일부는 ~, 다른 일부는 …

16

one ~, another …, the other ~ : (세 개 중) 하나는 ~, 또 다른 하나는 …, 나머지 하나는 ~

17

A: 지금 몇 시니?

B: 오후 3시 20분이야.

시간을 물어볼 때 비인칭 주어 it으로 대답

18

A: 오늘 며칠이니?

B: 3월 11일이야.

날짜를 물어볼 때 비인칭 주어 it으로 대답

19

A: 오늘은 무슨 요일이니?

B: 금요일이야.

요일을 물어볼 때 비인칭 주어 it으로 대답

20

A: 오늘 날씨가 어떠니?

B: 화창해.

날씨를 물어볼 때 비인칭 주어 it으로 대답

Chapter 6 여러 가지 문장

Unit 1 의문사 의문문 (1): who, whose, what, which
p.110

Check-up

1	Who	2	Who
3	Whose	4	What
5	What	6	Which

해석

1 A: 그녀는 누구니?

　B: 그녀는 우리 영어 선생님이야.

2 A: 누가 록음악을 좋아하니?

　B: Tom이 좋아해.

3 A: 이 책은 누구의 것이니?

　B: 그것은 내 것이야.

4 A: 네 이름은 뭐니?

　B: 내 이름은 John이야.

5 A: 네가 가장 좋아하는 과목은 무엇이니?

　B: 음악이 내가 가장 좋아하는 과목이야.

6 A: 빨간색과 파란색 중 어떤 것이 더 좋니?

　B: 나는 파란색이 더 좋아.

해설

1 who (누구) → my English teacher

2 who (누구) → Tom

3 whose (누구의 것) → mine

4 what (무엇(이름)) → John

5 what (무엇) → music

6 which (정해진 범위 중 어느 것) → blue

STEP 1

1 Who	2 Who
3 Whose	4 Whose
5 What	6 What
7 What[Which]	

해설

1~2 who: 누구

3~4 whose: 누구의 (것)

5~6 what: 무엇

7 what[which] + 명사: 어떤 ~

STEP 2

1 What	2 Which
3 Who	4 Whose

해석

1 A: 이것은 무엇이니?

　 B: 그것은 태블릿 PC야.

2 A: 피자와 파스타 중 어떤 것을 원하니?

　 B: 나는 파스타를 원해.

3 A: 누가 쿠키를 좋아하니?

　 B: Tim이 좋아해.

4 A: 이 지갑은 누구의 것이니?

　 B: 그것은 Mary의 것이야.

해설

1 what (무엇) → a tablet PC

2 which (정해진 범위 중 어느 것) → pasta

3 who (누구) → Tim

4 whose (누구의 것) → Mary's

STEP 3

1 Who, is	2 What, is	3 Whose, are

해석

1 A: 저 남자분은 누구니?

　 B: 그는 우리 수학 선생님이야.

2 A: 네가 가장 좋아하는 음식은 무엇이니?

　 B: 내가 가장 좋아하는 음식은 비빔밥이야.

3 A: 저것은 누구의 신발이니?

　 B: 내 신발이야.

해설

1~3 be동사가 있는 의문사 의문문의 어순:
　「의문사 + be동사 + 주어 ~?」

STEP 4

1 Who are you?

2 Whose is this?

3 Whose glasses are those?

4 What do you see in the picture?

5 Which game will you play?

6 Which is yours, this or that?

해설

1~3, 6 be동사가 있는 의문사 의문문의 어순:
　「의문사 + be동사 + 주어 ~?」

4 일반동사가 있는 의문사 의문문의 어순:
　「의문사 + do/does/did + 주어 + 동사원형 ~?」

5 조동사가 있는 의문사 의문문의 어순:
　「의문사 + 조동사 + 주어 + 동사원형 ~?」

STEP 5

1 Who has a dictionary?

2 Whose children are they?

3 What is your favorite animal?

4 What sport can you play?

5 Which picture do you like, this one or that one?

해설

1 의문사가 주어인 경우 평서문과 같은 어순이나, 의문사주어는 3인칭 단수 취급하므로 동사를 has로 바꿔야 함.

2~3 be동사가 있는 의문사 의문문의 어순:
　「의문사 + be동사 + 주어 ~?」

4 조동사가 있는 의문사 의문문의 어순:
　「의문사 + 조동사 + 주어 + 동사원형 ~?」

5 일반동사가 있는 의문사 의문문의 어순:
　「의문사 + do/does/did + 주어 + 동사원형 ~?」

Unit 2 의문사 의문문 (2): when, where, why, how
p.113

Check-up 1

1 When	2 Where
3 Why	4 How

해설

1 when: 언제 (시간, 때)

2 where: 어디서 (장소)

3 why: 왜 (이유)

4 how: 어떤 (상태)

1 When	2 Where
3 Why	4 How

해석

1 A: 그 게임은 언제 시작하니?

  B: 내일 시작해.

2 A: 내 새 모자는 어디 있지?

  B: 소파 위에 있어.

3 A: 왜 여기서 사니?

  B: 우리 가족이 여기 있으니까.

4 A: 시내에는 어떻게 가니?

  B: 나는 지하철 타고 가.

해설

1 when (시간) → 6:30 p.m.

2 where (장소) → on the sofa

3 why (이유) → Because my family is here

4 how (방법) → by subway

STEP 1

1 Where	2 When
3 Where	4 When
5 Where	

해석

1 A: 당신은 어디서 사나요?

  B: 저는 서울에 살아요.

2 A: 축제는 언제니?

  B: 다음 주에 있어.

3 A: 너의 아버지는 어디 계시니?

  B: 정원에 계셔.

4 A: 당신은 언제 떠날 건가요?

  B: 내일 떠날 거예요.

5 A: 딸기는 어디 있니?

  B: 냉장고에 있어.

해설

1 where (장소) → in Seoul

2 when (시간) → next week

3 where (장소) → in the garden

4 when (시간) → tomorrow

5 where (장소) → in the refrigerator

STEP 2

1 How	2 Why
3 How	4 Why
5 How	

해석

1 A: 너의 새 선생님은 어떠시니?

  B: 재미있으셔.

2 A: 당신은 왜 울고 있나요?

  B: 영화가 슬퍼서요.

3 A: 거기는 어떻게 갈 수 있니?

  B: 버스를 타고 갈 수 있어.

4 A: 당신은 왜 이메일을 사용하나요?

  B: 편리하니까요.

5 A: 당신은 오늘 어때요?

  B: 저는 괜찮아요.

해설

1 how (상태) → funny

2 why (이유) → Because the movie is sad.

3 how (방법) → by bus

4 why (이유) → Because they are convenient.

5 how (상태) → fine

STEP 3

1 Where is	2 When do
3 Why should	4 How do
5 How can	

해석

1 A: 브라질은 어디 있니?

  B: 브라질은 남아메리카에 있어.

2 A: 당신은 교회에 언제 가요?

  B: 저는 일요일에 교회에 가요.

3 A: 내가 왜 그를 선택해야 하지?

  B: 그는 좋은 구성원이 될 것이기 때문이지.

4 A: 오늘은 몸이 어떠니?

  B: 아주 좋아.

5 A: TV를 어떻게 틀죠?

  B: 이 버튼을 누르세요.

해설

1 be동사가 있는 의문사 의문문의 어순:

  「의문사 + be동사 + 주어 ~?」

2, 4 일반동사가 있는 의문사 의문문의 어순:

  「의문사 + do/does/did + 주어 + 동사원형 ~?」

3, 5 조동사가 있는 의문사 의문문의 어순:

  「의문사 + 조동사 + 주어 + 동사원형 ~?」

7 how long: 길이, 소요 시간

1 When do you use a comma?
2 Where is he going?
3 Why do we need good sleep?
4 How may I help you?
5 When can I see him?

해설

1, 3 일반동사가 있는 의문사 의문문의 어순:
「의문사 + do/does/did + 주어 + 동사원형 ~?」

2 be동사가 있는 의문사 의문문의 어순:
「의문사 + be동사 + 주어 ~?」

4, 5 조동사가 있는 의문사 의문문의 어순:
「의문사 + 조동사 + 주어 + 동사원형 ~?」

STEP 5

1 When is her wedding?
2 Where can I find a bank?
3 Why should I eat carrots?
4 How do you know that?
5 Where are you from?
6 How do you spell your name?

해설

1, 5 be동사가 있는 의문사 의문문의 어순:
「의문사 + be동사 + 주어 ~?」

2, 3 조동사가 있는 의문사 의문문의 어순:
「의문사 + 조동사 + 주어 + 동사원형 ~?」

4, 6 일반동사가 있는 의문사 의문문의 어순:
「의문사 + do/does/did + 주어 + 동사원형 ~?」

Unit 3 의문사 의문문 (3): how + 형용사/부사 _____ p.116

Check-up

1 How old   2 How tall
3 How many   4 How much
5 How much   6 How often
7 How long

해설

1 how old: 나이
2 how tall: 키
3 how many + 복수명사: 몇 개[명]의 ~ (수)
4 how much + 불가산 명사: 얼마나 많은 ~ (양)
5 how much: 가격

STEP 1

1 How old   2 How long   3 How tall

해석

1 A: 너의 형은 몇 살이니?
  B: 그는 13살이에요.
2 A: 그 다리는 얼마나 기니?
  B: 그것은 150미터야.
3 A: 당신은 키가 몇인가요?
  B: 저는 170센티미터입니다.

해설

1 how old (나이) → 13 years old
2 how long (길이) → 150 meters long
3 how tall (키) → 170 centimeters tall

STEP 2

1 How many   2 How much
3 How much   4 How many

해석

1 A: 방에 몇 명의 사람들이 있나요?
  B: 방에는 4명의 사람들이 있어요.
2 A: 물이 얼마나 많이 필요해요?
  B: 10리터 필요해요.
3 A: 이 컴퓨터는 가격이 얼마예요?
  B: 1,000달러에요.
4 A: 그녀는 자녀가 몇 명이 있어요?
  B: 3명이 있어요.

해설

1 how many + 복수명사 (수) → four people
2 how much + 불가산명사 (양) → 10 liters
3 how much (가격) → 1,000 dollars
4 how many + 복수명사 (수) → three children

STEP 3

1 How often do you read?
2 How often do you go shopping?
3 How often should I brush my teeth?
4 How often does he wash his hair?

해석

1 A: 당신은 독서를 얼마나 자주 하나요?

B: 매일 독서해요.

2 A: 쇼핑은 얼마나 자주 가세요?

   B: 매 주말마다 가요.

3 A: 양치질을 얼마나 자주 해야 하나요?

   B: 하루에 세 번 해야 해요.

4 A: 그는 머리를 얼마나 자주 감나요?

   B: 그는 매일 머리를 감아요.

해설

1, 2, 4 일반동사가 있는 의문사 의문문의 어순:
「의문사 (how often) + do/does/did + 주어 + 동사원형 ~?」

3 조동사가 있는 의문사 의문문의 어순:
「의문사 (how often) + 조동사 + 주어 + 동사원형 ~?」

STEP 4

1 How old is your grandmother?

2 How long does it take from here to Seoul?

3 How tall is your sister?

4 How many students are there in the classroom?

5 How much money do you have?

6 How often do you buy clothes?

해설

1, 3, 4 be동사가 있는 의문사 의문문의 어순:
「의문사(how + 형용사/부사)+be동사+주어 ~?」

2, 5, 6 일반동사가 있는 의문사 의문문의 어순:
「의문사(how + 형용사/부사) + do/does/did + 주어 +동사원형 ~?」

STEP 5

1 How old is that castle?

2 How long is the river?

3 How big is Russia?

4 How many sisters do you have?

5 How much is this umbrella?

해설

1, 2, 3, 5 be동사가 있는 의문사 의문문의 어순:
「의문사(how + 형용사/부사)+be동사+주어 ~?」

4 일반동사가 있는 의문사 의문문의 어순:
「의문사(how + 형용사/부사) + do/does/did + 주어 +동사원형 ~?」

Unit 4 명령문

Check-up 1

1	Close	2	Be
3	Have	4	Be
5	Don't tell	6	Don't run
7	Don't be		

해설

1~4 긍정명령문: 주어 (you)가 생략된 동사원형으로 시작

5~7 부정명령문: Don't + 동사원형 ~

Check-up 2

1 and, or

2 and, or

해석

1 a. 열심히 공부해라, 그러면 좋은 성적을 얻게 될 것이다.

  b. 열심히 공부해라, 그렇지 않으면 나쁜 성적을 얻게 될 것이다.

2 a. 다른 사람에게 친절해라, 그러면 많은 친구가 생길 것이다.

  b. 다른 사람에게 친절해라, 그렇지 않으면 친구가 생기지 않을 것이다.

해설

1~2 명령문, and ~: ~해라 그러면 ~할 것이다
명령문, or ~: ~해라, 그렇지 않으면 ~할 것이다

STEP 1

1	Wear	2	Turn
3	Be	4	Do not[Don't] open
5	Do not[Don't] touch	6	Do not[Don't] be

해석

1 안전벨트를 매라.

2 여러분의 휴대폰을 끄세요.

3 여동생을 잘 대해줘라.

4 문을 열지 마라.

5 그림을 만지지 마라.

6 두려워하지 마라.

해설

1~3 긍정명령문은 동사원형으로 시작

4~6 부정명령문은 「Do not[Don't] + 동사원형」 형식을 취함

1 a. Hurry, up, and　　　b. Hurry, up, or
2 a. Follow, and　　　　b. Follow, or
3 a. Practice, and　　　b. Practice, or

해석

1 a. 서둘러라, 그러면 기차를 잡을 것이다.
   b. 서둘러라, 그렇지 않으면 당신은 기차를 놓칠 것이다.
2 a. 규칙을 지켜라, 그러면 당신은 괜찮을 것이다.
   b. 규칙을 지켜라, 그렇지 않으면 당신은 곤란해질 것이다.
3 a. 열심히 연습해라, 그러면 당신은 승리할 것이다.
   b. 열심히 연습해라, 그렇지 않으면 당신은 패할 것이다.

해설

1 a. 서두르면 기차를 잡을 수 있으므로 접속사는 and가 적절
   b. 서두르지 않으면 기차를 놓치게 되므로 접속사는 or가 적절
2 a. 규칙을 지키면 괜찮을 것이므로 접속사는 and가 적절
   b. 규칙을 지키지 않으면 곤란해질 것이므로 접속사는 or가 적절
3 a. 열심히 연습하면 승리할 것이므로 접속사는 and가 적절
   b. 열심히 연습하지 않으면 패배할 것이므로 접속사는 or가 적절

STEP 3

1 If, do, will, succeed
2 If, don't, do, will, fail
3 If, tell, will, forgive
4 If, don't, tell, won't, forgive

해석

1 최선을 다해라, 그러면 성공할 것이다.
2 최선을 다해라, 그렇지 않으면 실패할 것이다.
3 진실을 말해라, 그러면 당신을 용서할 것이다.
4 진실을 말해라, 그렇지 않으면 당신을 용서하지 않을 것이다.

해설

1, 3 명령문, and ~: ~해라, 그러면 ~할 것이다
     = if you + 일반동사, ~
2, 4 명령문, or ~: ~해라, 그렇지 않으면 ~할 것이다
     = if you don't ~, ~

STEP 4

1 Enjoy your meal.
2 Open your books.
3 Do not leave the classroom.
4 Don't be mean.
5 Wear your seatbelt, and you'll be fine.
6 If you don't hurry up, you'll be late.

해설

1~2 긍정명령문은 동사원형으로 시작
3~4 부정명령문은 「Don't + 동사원형」 형식을 취함
5 명령문, and ~: ~해라, 그러면 ~할 것이다
6 if you + 일반동사, ~

STEP 5

1 Be brave.
2 Be quiet in the library.
3 Do not[Don't] swim here.
4 Exercise every day, or you'll gain weight.
   [If you don't exercise every day, you'll gain weight.]
5 Take the subway, and you'll be there on time.
   [If you take the subway, you'll be there on time.]

해설

1~2 긍정명령문은 동사원형으로 시작
3 부정명령문은 「Don't + 동사원형」 형식을 취함
4 명령문, or ~: ~해라, 그렇지 않으면 ~할 것이다
5 명령문, and ~: ~해라, 그러면 ~할 것이다
  = if you + 일반동사, ~

Unit 5 제안문　　　　　　　　　　　　　　p.122

Check-up 1

1 eat　　　　　　　2 not meet
3 have　　　　　　4 eating
5 going　　　　　　6 clean

해석

1 뭐 좀 먹자.
2 서점에서 만나지 말자.
3 차를 마시는 게 어때?
4 저녁 식사를 나가서 먹는 게 어때?
5 쇼핑하러 가는 게 어때?
6 같이 교실 청소를 하는 게 어때?

해설

1~7 Let's + 동사원형: ~하자

1	not, leave	2	not, eat
3	not, play	4	not, talk
5	not, enter	6	not, take

해설

1~6 Let's not + 동사원형: ~하지 말자

STEP 1

1	Let's, do	2	Let's, have
3	Let's, go	4	Let's, play
5	Let's, have	6	Let's, take
7	Let's, be		

해설

1~7 긍정제안문: Let's + 동사원형

STEP 2

1	Let's, not, watch	2	Let's, not, waste
3	Let's, not, stay	4	Let's, not, worry
5	Let's, not, go	6	Let's, not, take
7	Let's, not, do		

해석

1 이 영화는 보지 말자.
2 시간 낭비하지 말자.
3 여기 너무 오래 머무르지 말자.
4 그것에 대해서 너무 걱정하지 말자.
5 거기 가지 말자.
6 그 버스 타지 말자.
7 빨래하지 말자.

해설

1~7 부정 제안문: Let's not + 동사원형

STEP 3

1 Shall we meet at Tom's house?
2 How about ordering a pizza?
3 Why don't we buy some fruit?

해석

1 Tom의 집에서 만나자.
2 피자를 주문하자.
3 과일을 좀 사자.

해설

1~3 Let's + 동사원형 ~
   = How about + V-ing~?
   = Why don't we + 동사원형~?

STEP 4

1 Let's study in the library.
2 Let's eat out for dinner.
3 Let's not cook meals.
4 Why don't we go to the museum?
5 How about going skiing tomorrow?
6 Shall we have some juice?

해설

1~2 긍정제안문: Let's + 동사원형
3 부정 제안문: Let's not + 동사원형
4 Why don't we + 동사원형~?
5 How about + V-ing~?
6 Shall we + 동사원형~?

STEP 5

1 Let's ask him.
2 Let's not go out now.
3 Why don't we have lunch now?
4 How about having a meeting?
5 Shall we start the game now?

해설

1 긍정제안문: Let's + 동사원형
2 부정 제안문: Let's not + 동사원형
3 Why don't we + 동사원형~?
4 How about + V-ing~?
5 Shall we + 동사원형~?

Unit 6 부가의문문 p.125

Check-up 1

1	isn't it	2	aren't they
3	is he	4	are they
5	can't you	6	can't he
7	can she	8	doesn't he
9	don't you	10	does she

해석

1 오늘 화요일이지, 그렇지 않니?

2 그들은 훌륭한 가수야, 그렇지 않니?

3 그는 너의 영어 선생님이 아니야, 그렇지?

4 그들은 여기에 없어, 그렇지?

5 당신은 기타를 칠 수 있어요, 그렇지 않나요?

6 Edward는 한국어를 말할 수 있어, 그렇지 않니?

7 그녀는 프랑스어를 말할 수 없어, 그렇지?

8 Paul은 안경을 쓰지, 그렇지 않니?

9 당신은 고기를 좋아해요, 그렇지 않나요?

10 그녀는 채소를 좋아하지 않아, 그렇지?

해설

1~2 be동사 부가의문문은 앞부분이 긍정이면 뒤는 「be동사의 부정형 + 대명사 주어」을 씀

3~4 be동사 부가의문문은 앞부분이 부정이면 뒤는 「be동사의 긍정형 + 대명사 주어」을 씀

5~6 조동사 부가의문문은 앞부분이 긍정이면 뒤는 「조동사의 부정형 + 대명사 주어」을 씀

7 조동사 부가의문문은 앞부분이 부정이면 뒤는 「조동사의 긍정형 + 대명사 주어」을 씀

8~9 일반동사 의문문은 앞부분이 긍정이면 뒤는 「don't/doesn't/didn't + 대명사 주어」를 씀

10 일반동사 의문문은 앞부분이 부정이면 뒤는 「do/does/did + 대명사 주어」를 씀

STEP 1

1	aren't they	2	was he
3	isn't he	4	is it
5	won't they	6	can you
7	will she	8	shouldn't we

해석

1 그들은 매우 화가 났어, 그렇지 않니?

2 Tom은 파티에 없었어, 그렇지?

3 그는 당신의 삼촌이야, 그렇지 않니?

4 밖은 춥지 않아, 그렇지?

5 그들은 서울에 머물 거야, 그렇지 않니?

6 당신은 돼지고기를 먹을 수 없어요, 그렇죠?

7 그녀는 Tim을 초대하지 않을 거야, 그렇지?

8 우리는 곧 떠나야 해, 그렇지 않니?

해설

1, 3 be동사 부가의문문은 앞부분이 긍정이면 뒤는 「be동사의 부정형 + 대명사 주어」을 씀

2, 4 be동사 부가의문문은 앞부분이 부정이면 뒤는 「be동사의 긍정형 + 대명사 주어」을 씀

5, 8 조동사 부가의문문은 앞부분이 긍정이면 뒤는 「조동사의 부정형 + 대명사 주어」을 씀

6, 7 조동사 부가의문문은 앞부분이 부정이면 뒤는 「조동사의 긍정형 + 대명사 주어」을 씀

STEP 2

1	don't you	2	does he
3	didn't they	4	does he
5	doesn't he		

해석

1 당신은 햄버거를 좋아해요, 그렇지 않나요?

2 Peter는 아침을 먹지 않아요, 그렇죠?

3 그들은 현장 학습을 떠났어요, 그렇지 않나요?

4 그는 파란색을 좋아하지 않아요, 그렇죠?

5 당신의 오빠는 고기를 좋아해요, 그렇지 않나요?

해설

1, 3, 5 일반동사 의문문은 앞부분이 긍정이면 뒤는 「don't/doesn't/didn't + 대명사 주어」를 씀

2, 4 일반동사 의문문 앞부분이 부정이면 뒤는 「do/does/did + 대명사 주어」를 씀

STEP 3

1	No, isn't	2	Yes, does
3	No, didn't	4	Yes, can

해석

1 A: 그는 영국인이에요, 그렇지 않나요?
  B: 아니요, 영국인이 아니에요.

2 A: 김 선생님은 아이가 두 명 있어요, 그렇지 않나요?
  B: 네, 그래요.

3 A: 당신은 피자를 주문하지 않았어요, 그렇죠?
  B: 맞아요, 주문하지 않았어요.

4 A: John은 기타를 칠 수 없어요, 그렇죠?
  B: 네, 칠 수 있어요.

해설

1 영국인이 아니므로 대답은 No, he isn't.를 씀

2 아이가 2명 있는 것이 맞으므로 대답은 Yes, she does.를 씀

3 피자를 주문하지 않았으므로 대답은 No, I didn't.를 씀

4 기타를 연주할 수 있으므로 대답은 Yes, he can.을 씀

STEP 4

1 He is a genius, isn't he?

2 Lisa isn't your sister, is she?

3 They will arrive soon, won't they?

4 Helen can't play the violin, can she?

5 Jack has an umbrella, doesn't he?

6 You didn't do your homework, did you?

해설

1 be동사 부가의문문은 앞부분이 긍정이면 뒤는 「be동사의 부정형 + 대명사 주어」을 씀

2 be동사 부가의문문은 앞부분이 부정이면 뒤는 「be동사의 긍정형 + 대명사 주어」을 씀

3 조동사 부가의문문은 앞부분이 긍정이면 뒤는 「조동사의 부정형 + 대명사 주어」을 씀

4 조동사 부가의문문은 앞부분이 부정이면 뒤는 「조동사의 긍정형 + 대명사 주어」을 씀

5 일반동사 의문문은 앞부분이 긍정이면 뒤는 「don't/doesn't/didn't + 대명사 주어」를 씀

6 일반동사 의문문은 앞부분이 부정이면 뒤는 「do/does/did + 대명사 주어」를 씀

STEP 5

1 She is your math teacher, isn't she?
2 They are not at home now, are they?
3 You can swim very well, can't you?
4 Eric won't be late again, will he?
5 They went to a concert last night, didn't they?
6 Mr. Kim doesn't like singing, does he?

해설

1 be동사 부가의문문은 앞부분이 긍정이면 뒤는 「be동사의 부정형 + 대명사 주어」을 씀

2 be동사 부가의문문은 앞부분이 부정이면 뒤는 「be동사의 긍정형 + 대명사 주어」을 씀

3 조동사 부가의문문은 앞부분이 긍정이면 뒤는 「조동사의 부정형 + 대명사 주어」을 씀

4 조동사 부가의문문은 앞부분이 부정이면 뒤는 「조동사의 긍정형 + 대명사 주어」을 씀

5 일반동사 의문문은 앞부분이 긍정이면 뒤는 「don't/doesn't/didn't + 대명사 주어」를 씀

6 일반동사 의문문은 앞부분이 부정이면 뒤는 「do/does/did + 대명사 주어」를 씀

Unit 7 감탄문　　　　　　p.128

Check-up 1

1 What	2 What	3 What
4 What	5 What	6 What
7 What	8 How	9 How
10 How	11 How	12 How
13 How	14 How	

해석

1 참 아름다운 날이구나!
2 저것은 참 좋은 차구나!
3 그것들은 정말 비싼 신발이구나!
4 날씨가 정말 이상하구나!
5 당신은 정말 좋은 생각을 가지고 있네요!
6 그것은 정말 재미있는 이야기구나!
7 이것은 정말 아름다운 그림이구나!
8 화장실이 참 깨끗하구나!
9 성이 참 아름답구나!
10 당신은 참 친절하네요!
11 그는 정말 빨리 달리는구나!
12 그들은 정말 열심히 일하는구나!
13 저 모델은 키가 참 크구나!
14 이 케이크는 정말 맛있구나!

해설

1~7 what으로 시작하는 감탄문:
　　what + (a/an) + 형용사 + 명사 (+ 주어 + 동사)

8~14 how로 시작하는 감탄문: how + 형용사/부사 (+ 주어 + 동사)

STEP 1

1 What a small dog
2 What a smart person
3 What delicious food
4 What cute babies
5 What high mountains

해석

1 이것은 정말 작은 개구나!
2 당신은 정말 똑똑한 사람이네요!
3 그것은 정말 맛있는 음식이었어!
4 그들은 정말 귀여운 아기들이구나!
5 그것들은 정말 높은 산들이구나!

해설

1~5 what으로 시작하는 감탄문:
　　what + (a/an) + 형용사 + 명사 (+ 주어 + 동사)

STEP 2

| 1 How, heavy | 2 How, tall |
| 3 How, stupid | 4 How, well |

해설

1~4 how로 시작하는 감탄문: how + 형용사/부사 (+ 주어 + 동사)

1 What a good idea it is!

2 How exciting the game is!

3 What a funny man he is!

4 How beautifully you sing!

해석

1 그것은 정말 좋은 생각이다!

2 게임이 정말 신나는구나!

3 그는 정말로 재미있는 남자구나!

4 당신은 정말로 아름답게 노래를 부르네요!

해설

1, 3 what으로 시작하는 감탄문:
  what + (a/an) + 형용사 + 명사 + 주어 + 동사

2, 4 how로 시작하는 감탄문: how + 형용사/부사 + 주어 + 동사

1 What a strange story it is!

2 How boring the film was!

3 What a funny boy he is!

4 How beautiful your garden is!

5 What beautiful eyes she has!

6 How slow the traffic was!

해설

1, 3, 5 what으로 시작하는 감탄문:
  what +(a/an) + 형용사 + 명사 + 주어 + 동사

2, 4, 6 how로 시작하는 감탄문:
  how + 형용사/부사 + 주어 + 동사

1 What an amazing woman (she is)!

2 How happy you look!

3 What delicious soup (this is)!

4 How difficult this problem is!

5 What big animals (they are)!

6 How hard you study!

해설

1, 3, 5 what으로 시작하는 감탄문:
  what + (a/an) + 형용사 + 명사 + (주어 + 동사)

2, 4, 6 how로 시작하는 감탄문: how + 형용사/부사 + (주어 + 동사)

1 How old

2 Whose

3 How

4 does he → doesn't he

5 What → How

6 and → or

7 didn't, he, Yes, did

8 won't, you, No, won't.

9 are, you, Yes, am

10 does, she, No, doesn't

11 Who lives near the school?

12 When do you watch TV?

13 Let's not go there.

14 Do not[Don't] be surprised.

15 How about eating spaghetti for dinner?

16 If you turn left at the corner, you'll find the bank.

17 Please pass me the sugar.[Pass me the sugar, please.]

18 What a beautiful flower this is!

19 Do not[Don't] turn left.

20 Do not[Don't] use cell phones.

해석 & 해설

1
A: 네 아버지는 연세가 어떻게 되시니?
B: 50세야.
how old (나이) → 50 years old

2
A: 이 교과서는 누구의 것이니?
B: 그것은 내 것이야.
whose (누구의 것) → mine

3
A: 당신은 쇼핑몰에 어떻게 가나요?
B: 지하철을 타고 가요.
how (방법) → by subway (지하철을 타고)

4
너의 아버지는 수학을 가르치셔, 그렇지 않니?
문장의 앞부분이 긍정이므로 부가의문문은 부정형으로 고쳐야 함

5
저 곰은 정말 무섭구나!
what 감탄문: what + (a/an) + 형용사 + 명사 + 주어 + 동사
how 감탄문: how + 형용사/부사 + 주어 + 동사

6

일찍 일어나라, 그렇지 않으면 기차를 놓칠 것이다.

일찍 일어나지 않으면 기차를 놓치므로 and 대신 or가 적절

7

A: Brian은 Susie를 그의 파티에 초대했어, 그렇지 않니?

B: 맞아.

파티에 초대했으므로 대답은 Yes, he did.가 되어야 함

8

A: 당신은 내일 올 거예요, 그렇지 않나요?

B: 안 올 거예요.

내일 오지 않을 것이므로 대답은 No, I won't.가 되어야 함

9

A: 당신은 Nancy의 오빠가 아니에요, 그렇죠?

B: 저는 그녀의 오빠예요.

Nancy의 오빠가 맞으므로 대답은 Yes, I am.이 되어야 함

10

A: 그녀는 새 직장이 마음에 들지 않아요, 그렇죠?

B: 맞아요, 마음에 들지 않아요.

새 직장이 마음에 들지 않으므로 대답은 No, she doesn't가 되어야 함

11

주어가 의문사인 의문사 의문문은 평서문의 어순과 같되, 주어는 3인칭 단수 취급하므로 동사는 lives가 되어야 함

12

일반동사가 있는 의문사 의문문의 어순: 의문사 + do/does/did + 주어 + 동사

13

부정 제안문: Let's not + 동사원형

14

형용사 보어가 있는 부정 명령문: Don't be + 형용사

15

Let's + 동사원형 = How about + V-ing

16

명령문, and ~: ~해라, 그러면 ~할 것이다

= if you + 일반동사, ~

17

명령문 앞이나 뒤에 please를 붙이면 좀 더 공손한 표현이 됨

18

what 감탄문: what + (a/an) + 형용사 + 명사 + 주어 + 동사

19~20

부정명령문: Don't + 동사원형

통문장 암기 훈련 워크북

정답

Chapter 1 be동사와 일반동사

Unit 1 be동사의 현재형

1 I'm late for school every day.
2 Some apples are on the table. [There are some apples on the table.]
3 I'm a middle school student.
4 It's an interesting book.
5 They're good at math.
6 She's in the art gallery.
7 He's hungry and thirsty.
8 We're at the theater now.
9 You're creative.
10 They're popular at school.

Unit 2 be동사의 부정문

1 I'm not American.
2 She isn't my teacher. [She's not my teacher.]
3 The dog isn't full.
4 They aren't dirty. [They're not dirty.]
5 It isn't very cold today. [It's not very cold today.]
6 He isn't my favorite dancer. [He's not my favorite dancer.]
7 She isn't in the living room. [She's not in the living room.]
8 The books aren't on the desk.
9 You aren't his brother. [You're not his brother.]
10 They aren't in the post office. [They're not in the post office.]

Unit 3 be동사의 의문문

1 Is English difficult for you?
2 Are your parents healthy?
3 Is he from Paris?
4 Are you English teachers?
5 Are cats good companions?
6 Are they members of the baseball club?
7 Is that snack delicious?
8 Are those bags expensive?
9 Am I too young?
10 Are they good neighbors?

Unit 4 일반동사의 현재형

1 They speak Japanese very well.
2 Harry has a nice computer.
3 I wash my car, and he washes his car.
4 Minji and I study at home, but Jisu studies in the library.
5 We leave for school at 8 o'clock.
6 Doris and Jessy lives in Australia.
7 Nancy does her homework before dinner.

8 Ted buys sneakers at the mall.

9 My mom gets up at 6 o'clock every morning.

10 We take a walk on the beach every morning.

Unit 5 일반동사의 부정문

1 Sally and I don't look like twin sisters.

2 She doesn't watch sports on TV.

3 We don't talk to each other.

4 Mr. Hong doesn't work in this building.

5 They don't wear school uniforms.

6 Lisa doesn't understand the lesson.

7 I don't feel good today.

8 My father doesn't put sugar in his coffee.

9 Emily doesn't eat vegetables.

10 This cake doesn't taste good.

Unit 6 일반동사의 의문문

1 Do you have a bike?

2 Does Ann like potato chips?

3 Does your uncle play the guitar?

4 Does the last train leave at 10:30?

5 Does this dress look good?

6 Does it cost a lot of money?

7 Do we have enough time?

8 Do David and Jack practice basketball every day?

9 Do we need a new camera?

10 Does the movie start at 5:30?

Chapter 2 시제

p.140~146

Unit 1 과거시제: be동사

1 Beth was in Canada in 2015.

2 Sally and Andrew were in the same class last year.

3 Was she a singer in the band?

4 Were they late again?

5 She wasn't in the car an hour ago.

6 They weren't too early for the meeting.

7 The key wasn't in the drawer.

8 Were the recycling boxes empty?

9 I was brave at that time.

10 The restaurant wasn't open this morning.

Unit 2 과거시제: 일반동사의 규칙 변화

1 They mopped the floor a few minutes ago.

2 I hugged my mother this morning.

3 My mom closed the window in the evening.

4 Jessy carried the boxes an hour ago.

5 Liam waited for the bus yesterday.

6 Jacob visited China last month.

7 Mindy studied in the library last weekend.

8 The elevator stopped at the fifth floor.

9 My brother graduated from high school three years ago.

10 Mark saved my life in a car accident last year.

Unit 3 과거시제: 일반동사의 불규칙 변화

1 Ellen ate breakfast this morning.

2 Kate cut the meat with a knife.

3 They left for Chicago last night.

4 We wore masks at the party yesterday.

5 The kids fed their dogs two hours ago.

6 My mom bought me gloves yesterday. [My mom bought gloves for me yesterday.]

7 A boy broke the window yesterday.

8 He taught science to his students last semester.

9 They went on a picnic last Sunday.

10 Somebody stole my bike last week.

Unit 4 과거시제와 부정문과 의문문

1 Did your brother play computer games last night?

2 Did your father buy some flowers for your mother?

3 Theo didn't wash his hair this morning.

4 Samantha didn't study chemistry last semester.

5 Did she wear a blue scarf yesterday?

6 Your basketball team didn't win the game last Friday.

7 The subway didn't arrive on time.

8 Did Ryan get on the plane this morning?

9 Did he read Hemingway's novel last week?

10 Did Gavin bring his umbrella?

Unit 5 현재시제 vs. 과거시제의 쓰임

1 He parks his car here every day.

2 They sang together on the stage last week.

3 I cut the paper with scissors an hour ago.

4 The department store closes at 10 every night.

5 The turtle lays eggs in the sand.

6 We wash our hands before meals.

7 Sam rode his bike last Saturday.

8 We cleaned the park all together last Sunday.

9 Yesterday, my uncle took his car to work, but he usually takes a bus.

10 Amelia usually goes to bed at 11 p.m, but last night, she went to bed at midnight.

Unit 6 진행시제: 현재진행과 과거진행

1 My father is repairing the roof now.

2 Jackie and I were chatting on the computer last night.

3 Gary is playing the cello now.

4 People were jogging at the park yesterday.

5 Two dogs are running in the backyard now.

6 I was drinking a lot of water an hour ago.

7 She was looking for her purse at that time.

8 We were preparing for the party last weekend.

9 He is tying his shoes now.

10 The wind was blowing hard at that time.

Unit 7 진행시제의 부정문과 의문문

1 I wasn't drinking coffee at that time.

2 Were they listening to him then?

3 We weren't learning yoga at the gym then.

4 Was he looking for his textbook at that time?

5 She isn't watching TV now.

6 Was the elevator working at 7 last Tuesday?

7 They aren't using computers at this moment.

8 Are they exercising in the gym now?

9 We weren't playing baseball at 8 yesterday.

10 Is he bothering you now?

Chapter 3 조동사

p.147~151

Unit 1 can

1 Can he fix the old refrigerator?

2 Can they see the fireworks tonight?

3 Nancy can't find her key.

4 Mr. Robin couldn't answer the question.

5 Can he finish the work alone?

6 We can't eat out tonight.

7 My sister can't reach the top shelf.

8 Robin could skate on the frozen lake last winter.

9 I could catch the train on time.

10 Can she remember my name?

Unit 2 will / be going to

1 It's going to rain today.

2 Are they going to attend the meeting?

3 Tom won't go to the gallery tomorrow.

4 Are they going to move to a new house next week?

5 They won't tell you the truth.

6 Is Max going to sell his car?

7 My grandmother won't bring her dog.

8 Martin isn't going to do the laundry this weekend.

9 Will you be at home this afternoon?

10 Is your uncle going to arrive next week?

Unit 3 may

1 She may remember my name.

2 We may not miss our train.

3 May I leave the table now?

4 You may play soccer after school.

5 You may eat chocolate after lunch.

6 May I use your pen for a moment?

7 My father may go fishing this Friday.

8 Amy may not be a band member.

9 She may bring some cookies for us.

10 Lisa may not join our club.

Unit 4 must / have to

1 He must[has to] cancel the soccer game.
2 She must[has to] bring her camera.
3 We must not break our promise.
4 They don't have to keep silent in the cafe.
5 You must not bring your pet into the building.
6 She doesn't have to read that thick book.
7 There must be something wrong.
8 He doesn't have to wake up early.
9 You must[have to] open a bank account.
10 My mother doesn't have to work tomorrow.

Unit 5 should

1 You should lock the door for safety.
2 I should call her tonight.
3 Should Ann trust him?
4 We should bring our lunch.
5 You should pay attention in class.
6 She shouldn't drink too much coffee.
7 We shouldn't make a noise.
8 Should we book a ticket?
9 You shouldn't waste your time.
10 They shouldn't be late for school.

Chapter 4 명사와 관사   p.152~156

Unit 1 명사의 종류

1 Ben drinks cold water.
2 People looked at the shining star.
3 Mr. Kang made furniture by himself.
4 I want to go to Boston for my next vacation.
5 His grandparents live in New York.
6 Tom bought a nice car last month.
7 Seoul is the capital of Korea.
8 Asia is a big continent.
9 He has a lot of homework today.
10 They went to Italy in April.

Unit 2 셀 수 있는 명사의 복수형

1 There are two bedrooms in the house.
2 You should be careful with those knives.
3 Two leaves fell on the floor.
4 Many deer live in the forest.
5 I need a box, and my friend needs three boxes.
6 Max ate two sandwiches.
7 Two women were sitting next to each other.
8 There are twelve geese on my grandfather's farm.
9 I saw three mice in the garage.
10 The roofs are covered with snow.

Unit 3 셀 수 없는 명사의 수량 표현

1 We left three slices of pizza.
2 Mike had a bowl of cereal for breakfast.
3 I had three pieces of pizza at lunch.
4 There are five glasses of water on the table.
5 Julie bought a new pair of shoes.
6 There are six pieces of furniture in our room.
7 We shared two slices of bread together.
8 A glass of orange juice is about 120 Kcal.
9 She took three bottles of water from the refrigerator.
10 He ate two bowls of warm soup.

Unit 4 부정관사 a(n)와 정관사 the

1 We work nine hours a day.
2 There are twelve months in a year.
3 Mindy played the guitar at the school festival.
4 May I open the window for a minute?
5 She isn't an honest student.
6 Jack lives on the third floor.
7 You can download an MP3 file to your computer.
8 We go out for dinner once a week.
9 They visit the library once a month.
10 Can you turn off the light?

Unit 5 관사의 생략

1 Brian goes to school by bus.
2 Chris is good at science.

3 We play tennis every Saturday.

4 I hope to study French in college.

5 I went to bed at 11 last night.

6 My brother goes to school from Monday to Friday.

7 Let's have lunch at the new restaurant.

8 He traveled around the country by bike.

9 You shouldn't skip breakfast.

10 The family goes to church every Sunday.

Chapter 5 대명사 p.157~161

Unit 1 인칭대명사

1 His friend is over 190cm tall.

2 This book isn't hers.

3 That green house is mine.

4 Thank you for inviting us to the party.

5 Mary was looking for you.

6 She is excited about her new school life.

7 We made spaghetti for them.

8 Her parents are very kind to me.

9 Her coach is proud of her.

10 These dirty sneakers are his.

Unit 2 비인칭 주어 it

1 It's rainy all day long.

2 It was December 25th yesterday.

3 What time is it now?

4 What day was it yesterday?

5 It's 11 o'clock now.

6 It takes about 20 minutes from here to the city hall.

7 It's winter in Korea now.

8 It's still bright outside.

9 It gets dark at around 6 p.m.

10 It's going to snow this afternoon.

Unit 3 지시대명사

1 Are these computers on sale?

2 Did Jack bring those toys?

3 Is this your father's car?

4 Are those scarves your mother's?

5 He knows that man well.

6 Those backpacks are not ours.

7 Look at those people in the waiting room.

8 I will have this chocolate cake.

9 This is a public place.

10 These are my grandparents.

Unit 4 부정대명사 one, another, other

1 She'll buy one soon.

2 Give me fresh ones.

3 Can you show me another (one)?

4 Would you like another cup of tea?

5 Two were white, and the others were gray.

6 One is pink, and the other is blue.

7 I'll have another piece.

8 Some (people) like jazz, and other people[others] like rock music.

9 I want a similar one.

10 One is for his friend, and the others are for his sisters.

Unit 5 부정대명사 all, both, every, each

1 Every player goes through a slump.

2 Each student has to wear a name tag.

3 All of them are 13 years old.

4 Both of them are going to the meeting.

5 All of the people in our town are kind.

6 Every boy in my school likes games.

7 Both of them are doctors.

8 Erica goes camping every month.

9 All of us go to the same school.

10 Each of us has a different idea.

Unit 1 의문사 의문문 (1): who, whose, what, which

1 Whose notebook is this?
2 What did you do last night?
3 Which do you want, pizza or pasta?
4 Who likes cookies?
5 Who is that man?
6 What is your favorite food?
7 Whose glasses are those?
8 Which game will you play?
9 Whose children are they?
10 Which picture do you like, this one or that one?

Unit 2 의문사 의문문 (2): when, where, why, how

1 Where do you live?
2 When is the festival?
3 How is your new teacher?
4 Why are you crying?
5 Why should I select him?
6 How can I turn on the TV?
7 Where is he going?
8 When can I see him?
9 Why should I eat carrots?
10 How do you know that?

Unit 3 의문사 의문문 (3): how + 형용사 / 부사

1 How old is your brother?
2 How tall are you?
3 How many people are there in the room?
4 How much water do you need?
5 How often do you read?
6 How often does he wash his hair?
7 How long does it take from here to Seoul?
8 How much money do you have?
9 How big is Russia?
10 How many sisters do you have?

Unit 4 명령문

1 Be nice to your sister.
2 Don't touch the painting.
3 Hurry up, and you'll catch the train.
4 Follow the rules, or you'll be in trouble.
5 Do your best, or you'll fail.
6 Tell the truth, and I'll forgive you.
7 Don't leave the classroom.
8 Wear your seatbelt, and you'll be fine.
9 Be quiet in the library.
10 Exercise every day, or you'll gain weight.

Unit 5 제안문

1 Let's play basketball together.
2 Let's be honest.
3 Let's not watch this movie.
4 Let's not worry too much about it.
5 Shall we meet at Tom's house?
6 How about ordering a pizza?
7 Let's study in the library.
8 Why don't we go to the museum?
9 Why don't we have lunch now?
10 How about having a meeting?

Unit 6 부가의문문

1 Tom wasn't at the party, was he?
2 It isn't cold outside, is it?
3 You like hamburgers, don't you?
4 They went on a field trip, didn't they?
5 Ms. Kim has two children, doesn't she?
6 John can't play the guitar, can he?
7 He will arrive soon, won't he?
8 Jack has an umbrella, doesn't he?
9 You can swim very well, can't you?
10 Eric won't be late again, will he?

Unit 7 감탄문

1 What a smart person you are!
2 What cute babies they are!
3 How heavy the book is!
4 How stupid I am!
5 What a good idea it is!
6 How beautifully you sing!
7 What beautiful eyes she has!
8 How slow the traffic was!
9 How difficult this problem is!
10 What big animals they are!

MEMO

MEMO

도전 만점 중등 내신
서술형 1 2 3 4

꼼꼼한 통문장 쓰기 연습으로 서술형 문제 완벽 대비

- 영문법 핵심 포인트를 한눈에! 기본 개념 Check-up!

- Step by Step 중등내신 핵심 영문법 + 쓰기

- 도전만점 중등내신 단답형 & 서술형 문제 완벽 대비

- 스스로 훈련하는 통문장 암기 훈련 워크북 제공

- 영작문 쓰기 기초 훈련을 위한 어휘 리스트, 어휘 테스트 제공

- 객관식, 단답형, 서술형 챕터별 추가 리뷰 테스트 제공

- 동사 변화표, 문법 용어 정리, 비교급 변화표 등 기타 활용자료 제공

www.nexusbook.com

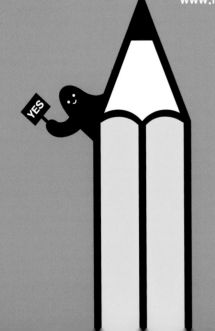

	초1	초2	초3	초4	초5	초6	중1	중2	중3	고1	고2	고3

Writing

공감 영문법+쓰기 1~2

도전만점 중등내신 서술형 1~4

영어일기 영작패턴 1-A, B · 2-A, B

Smart Writing 1~2

Reading

Reading 101 1~3

Reading 공감 1~3

This Is Reading Starter 1~3

This Is Reading 전면 개정판 1~4

원서 술술 읽는 Smart Reading Basic 1~2

원서 술술 읽는 Smart Reading 1~2

[특급 단기 특강] 구문독해 · 독해유형

[앱솔루트 수능대비 영어독해 기출분석] 2019~2021학년도

Listening

Listening 공감 1~3

The Listening 1~4

After School Listening 1~3

도전! 만점 중학 영어듣기 모의고사 1~3

만점 적중 수능 듣기 모의고사 20회 · 35회

TEPS

NEW TEPS 입문편 실전 250⁺ 청해 · 문법 · 독해

NEW TEPS 기본편 실전 300⁺ 청해 · 문법 · 독해

NEW TEPS 실력편 실전 400⁺ 청해 · 문법 · 독해

NEW TEPS 마스터편 실전 500⁺ 청해 · 문법 · 독해